北京市教育委员会共建项目专项资助

# 术语学与术语信息处理

SHUYUXUE YU SHUYU XINXI CHULI

张　榕◎著

中国社会科学出版社

**图书在版编目（CIP）数据**

术语学与术语信息处理／张榕著．—北京：中国社会科学
出版社，2015.5
ISBN 978 - 7 - 5161 - 6091 - 6

Ⅰ．①术… Ⅱ．①张… Ⅲ．①术语学 - 研究 Ⅳ．①H083

中国版本图书馆 CIP 数据核字（2015）第 094931 号

| | | |
|---|---|---|
| 出 版 人 | 赵剑英 | |
| 责任编辑 | 任 明 | |
| 责任校对 | 季 静 | |
| 责任印制 | 何 艳 | |

| | | |
|---|---|---|
| 出 版 | 中国社会科学出版社 | |
| 社 址 | 北京鼓楼西大街甲 158 号 | |
| 邮 编 | 100720 | |
| 网 址 | http://www.csspw.cn | |
| 发 行 部 | 010 - 84083685 | |
| 门 市 部 | 010 - 84029450 | |
| 经 销 | 新华书店及其他书店 | |

| | |
|---|---|
| 印刷装订 | 北京市兴怀印刷厂 |
| 版 次 | 2015 年 5 月第 1 版 |
| 印 次 | 2015 年 5 月第 1 次印刷 |

| | |
|---|---|
| 开 本 | 710×1000 1/16 |
| 印 张 | 12.5 |
| 插 页 | 2 |
| 字 数 | 212 千字 |
| 定 价 | 48.00 元 |

凡购买中国社会科学出版社图书，如有质量问题请与本社营销中心联系调换
电话：010 - 84083683

# 目　录

# 第一章

# 引　论

## 第一节　本研究提出的背景

### 一　术语定义自动抽取的必要性

新科技、新事物、新概念的出现带来了大量的术语。术语用来标记科技、文化、社会生活等各个专门领域中的事物、现象、特征、关系和过程。很多专业领域的术语也是伴随着学科的发展而不断更新的。某种程度上，一个学科领域内的术语集合是该专业领域知识的集中信息载体，是思想与认识的交流工具。

术语定义在术语系统中充当的角色也是极其重要的。术语定义（Term Definition）是对术语所指称概念的语言描述，是连接概念与术语之间的桥梁。研究表明，当术语使用者对一个术语所表达的概念模糊不清时，获取到术语的定义是了解该术语最直接、最简洁、最有效的方式。术语定义抽取就是研究如何从大规模文本中自动获取到术语系统最基本知识的课题。

随着互联网的飞速发展，网络用户所能获取到的信息量一直呈爆炸式增长。统计表明，每天全球互联网的网页数目以千万级的数量增加。伴随着信息量的增加，信息类型也越来越丰富，网络已经成为专业领域知识获取及普通百姓学习、工作、娱乐等各项服务的最主要的信息源。据中国互联网信息中心发布的报告，截至 2014 年 6 月中国网民数量达 6.32 亿人，较 2013 年年底增加了 1442 万人，互联网普及率为 46.9%，较 2013 年年底提高了 1.1%。2014 年上半年中国网民的人均周上网时长为 25.9 小时，相比 2013 年下半年增加了 0.9 小时。这几项指标均反映出中国互联网服务的覆盖率之广与影响力之大。

　　互联网已经渗入普通百姓的生活中，那么中国网民上网时到底在做什么呢？针对这个问题，中国互联网数据中心与《电脑报》针对中国主流IT用户就上网目的做了一项大规模的调查研究。调查结果显示，浏览新闻与查找信息、与他人沟通、浏览休闲娱乐内容、登录社区是网民上网最重要的四项活动内容，分别占受访者人数的 92.2%、80.6%、64.6%、62.0%。该数据反映出网络用户对信息查找的极大需求。

　　用户进行网络信息查询通常使用搜索引擎。搜索引擎是随着互联网的发展应运而生的，近年来在人们生活中的普及率与影响力越来越大。据数字 100 市场研究公司的调查统计，在遇到信息查找需求的问题时，82% 的网民会直接选择互联网，借助搜索引擎的查询功能实现信息查询的需求。无论是查询旅游路线、学术论文、饭店特色菜还是其他方方面面的信息，人们都会借助搜索引擎，搜索引擎在人们日常生活中的位置越来越重要了。在英文中 "Google" 一词原来的词性为名词，现在已经被灵活用作动词，比如 "If you don't know , you can Google it." 意为 "如果你不知道，你可以 Google 一下。" Google 原本是搜索引擎公司名，如今已经泛化为 "在 Google 搜索引擎中查询或其他搜索引擎中查询" 的意思。汉语中也有类似的现象，例如 "我要百度一下"，"百度" 一词也演变成包含有动词 "查询" 的义项。这两个词的词义演化，也可以从侧面反映出搜索引擎在人们生活中的重要性。某种程度上，搜索引擎已经取代了传统的信息获取渠道，成为最主流的信息查询渠道。

　　近年来搜索引擎技术与提供的服务都得到了快速的发展，很多网络公司都引入了搜索引擎这项具有极大市场潜力的服务项目。常用的搜索引擎包括百度、360 搜索、Google、新搜狗、21CN、微软必应、有道、搜搜、北大天网、雅虎、中国搜索、网易、TOM 搜索、QQ 搜索、搜狐、新浪等。很多不知名的小搜索网站更是数不胜数。这些搜索引擎提供的服务包括网页、新闻、图片、音频、视频、软件等各种专项搜索。全球最大的中文网站统计分析平台 CNZZ 在 2014 年 8 月的统计数据表明，在所有搜索引擎的使用份额中，百度所占的比重为 56.33%，其次为 360 搜索、新搜狗、21CN、微软必应、Google 等搜索引擎。

　　目前网络搜索引擎的功能已经非常强大，个性化、专业化、功能性的搜索服务也相当完善。例如，针对本书的研究课题，用户如果想查询某个术语的定义，可借助 "百度百科"、"智库百科"、"维基百科"、"互动百科"。这些网站提供的查询服务一般可以直接定位到所查询项的术语定义、词语定义或定义性描述。遗憾的是，考察发现即便搜索引擎有如此强大的查询功能，可在处理任何类型的查询问题时它也并非万能的，某些情况下搜索引擎的准确率较低，查询结果无法满足用户的需求。例如，单纯依靠搜索引擎并不能从网络上找到某些术语，特别是新术语的现成的定义或描述性释义，而新术语又呈现出数量大、增速快、范围广的特点。这时用户只能人工从网络海量信息中逐篇、逐段、逐句阅读、辨别、筛选从而检索到这些词语的定义。搜索引擎返回的文本多到成百上千，显然用户不可能逐一对这些文本进行阅读、查询。一般来说，使用者只能在时间、精力允许的范围内对返回的排名靠前的一些网站进行阅读，即便这样也依旧费时、费力，而且一些人为主观因素也影响到检索结果的准确率。尤其是当搜索引擎使用者对查询项输入技巧不熟悉时，如何调整查询关键字或查询问句也会直接影响到返回结果的准确率与召回率。

从网络信息源的角度来看，网络媒体呈现出碎片化的趋势。网络的普及使得普通用户及商家可利用网络平台便捷地发布各种信息。每个人都可以利用某种媒体形式（如论坛、微博）发布信息或通过转载形式传播信息。网络碎片化模式如同一把双刃剑，一方面使每个网络使用者能参与到媒体技术中来；另一方面在网络信息爆炸式增长的同时，信息源的权威性、准确性、完备性都无法完全得到保证。例如，网络中术语定义相关信息的发布者对术语本身的理解未必准确、全面，信息源本身易受发布者主观判断的影响，有的甚至是道听途说。有的包含术语定义的文档其实是商家广告文本中的关于术语的描述，而描述手法更倾向于产品宣传、推广与销售的角度。上述种种原因使得用户查询术语定义仍需要一定的人工查找、阅读、对比、筛选的工作，且最终的筛选结果未必与确切的术语定义相吻合。不恰当甚至不正确的术语定义容易对使用者产生误导，造成对术语概念理解的偏差。

搜索引擎的另一个弊端也是不容忽视的。我们知道，搜索引擎是由人制定的一套规则和算法对互联网信息进行搜索，信息的相关性与重要性是由计算机进行判断的。受商业利益的驱使，一些网站通过购买外链等方法获得较高的排名，导致出现了大量重复性信息或无效页面，用户不得不在搜索结果中再次花费大量的时间人工查找所需信息。搜索引擎的发展与完善伴随着算法的更新。各大搜索引擎多年来不断调整算法，使得搜索结果更为客观、公正，但杜绝一些网站的作弊行为仍有很长的一段路要走。

前边我们谈到，上网用户中有高达 92.2% 的网民上网的目的是浏览新闻与查找信息，那么搜索引擎能否满足用户的查询需求呢？使用者对搜索引擎的满意程度又是怎样的呢？我们以几个与普通百姓日常生活密切相关的术语为例，来考察影响力最大的百度搜索在处理术语定义方面的功能。

首先实验以"自媒体营销"为查询项，提交至百度搜索引擎。我们发现返回排名靠前的链接包括"自媒体"的相关介绍，以及一些自媒体商家的介绍或者一些个人发表的自己对"自媒体"的理解。至于到底什么是"自媒体营销"，用户需要从相当大篇幅的文本阅读中总结其概念内涵，并且对该概念理解的准确性与完整性也无法得到验证。显而易见，使用者对搜索到的结果是不满意的。

术语代表了专业领域的核心知识，反映出学科的发展动态，与普通百姓的日常生活密切相关。随着汽车走进中国寻常百姓家庭，汽车消费者在购买、使用、维护的过程中接触到大量与汽车相关的术语。消费者对汽车术语越来越感兴趣，也迫切需要准确地了解这些术语的概念内涵，然而对大多数非汽车业界人士来说，很难对这些术语了解得全面、准确。消费者如果借助搜索引擎进行定义查询，结果又是怎样的呢？

我们将"谐波增压"作为查询项提交至搜索引擎。遗憾的是，在阅读了大量的搜索引擎返回的文本后，仍没有找到现成可用的术语定义。检索到的有"百度文库"中的有关"谐波增压"的专业学术论文。一般来说，学术论文篇幅多达几千甚至上万字，且阅读对象一般为该领域专门的研究者与学习者或相关从业人员，再加上通常学术论文的用词专业化与领域化程度较高，包含的领域术语密度较大，故而从该类学术论文中查找到所需定义，对普通用户来说绝非易事。

再举一个与百姓日常生活相关例子。近些年来百姓对房地产行业的关注度非常高，我们以房地产领域的术语"电梯入户"作为查询项进行考察。一般来说，普通使用者对该术语的理解一知半解，多半使用者依据该词的字面意义为基础进行理解，于是围绕该术语产生了很多疑惑。比如，"入户"到底是指什么，电梯入户的房子的安全性，入户电梯的设计原理等问题。我们对 20 名 25—50 岁的人群做了一项调查，对"电梯入户"完全理解的仅有两位，其余 18 位受访者表示，由于对这个概念不了解，会有对电梯入户安全性的顾虑，可能会因为对该术语的不了解，而延迟购买或不考虑购买电梯入户的楼盘。我们借助百度引擎，以该术语为关键词进行查询。从返回结果的"百度知道"中，只查询到几个热心网友发表的个人观点，而且这些观点普遍带有个人主观性，也有所答非所问的现象。其余的返回文本中，有的是各大论坛的网友对该术语的提问及论坛其他网友的回复，从语言形式到实质内容都有很大的随意性与片面性；有的返回文本则是各大楼盘的销售推广文案，侧重于描述"电梯入户"的高端性，缺乏实质内容。在花费大量检索时间后，我们仍无法查询到该术语的确切含义。于是我们借助于百度的图片功能，筛选、查阅、对比了数十张图片，同时借鉴多个文本中对"电梯入户"的描述，才对该术语有了较为明确的理解。

与房地产业相似，近年来人们对理财的关注度不断增加。各种理财模式、理财产品及所涉及的理财术语数不胜数。一些投资者由于对理财术语不完全理解，一味听信销售人员的宣传，造成投资失败甚至血本无归。有的理财专家认为"只有看懂了理财术语，才有理财机会"，可见了解术语对于理财的重要性。例如，对于"年收益率"与"年化收益率"这两个常用理财术语，很多投资者都无法正确区分两者之间的区别，造成对投资预期的错误判断。我们将两个术语分别提交给百度搜索引擎，返回文档只有规范的"年化收益率"的定义；而术语"年收益率"的定义，我们只在"百度知道"中发现了热心网友发表的个人观点。实际上，这两个术语在普通百姓的理财行为中所起到的作用是非常重要的。遗憾的是，我们也无法快速地从互联网中找到确切的术语定义。我们再用"潜在收益率"与"潜在年收益率"、"潜在年化收益率"进行查询实验，搜索引擎返回的结果更不尽如人意。可以预见，在投资者对理财术语一知半解或者根据字面意思主观臆断的前提下，投资的风险性是极高的。

如果说对于上述所提到的术语，用户从网络搜索引擎中无法快速、准确地检索到可用的术语定义，可能是因为这些查询项是相对较新的术语，那么我们以一个语言学中重要的术语"语块"作为查询项加以实验，结果又会是怎样的呢？结果表明，搜索引擎返回的排名靠前的链接都是与"语块"相关的学术论文与书籍。有的返回文本描述了"语块教学法"。在此搜索实验之前，我们没有想到一个出现时间较长的常用术语，其定义竟然在网络海量信息中也很难被检索到，而该语言学术语对于很多语言学研究者、爱好者来说至关重要。

一般来说，当返回链接中缺少现成术语定义时，搜索引擎有时也会返回"百度知道"里对该术语的描述。"百度知道"是全球最大中文互动问答平台，使用的是用户提出问题，通过积分奖励发动其他用户来解决问题的搜索模式。通过这一模式，用户的隐性知识可转化为显性知识，激发了网络用户参与到信息传播过程中的积极性。用户既是知识的使用者，又是知识的创造者。"百度知道"里，术语定义的发布者为普通网络使用者，也就是说，任何个人都可借助互联网平台发布自己对术语概念的解读。可以想象，一旦个人见解出现偏差，就会严重影响甚至误导信息的其他阅读者；同时在没有现成权威术语定义可用的情况下，用户希望能从若干条候选术语定义中，通过对比挑选出一条最优的定义项。遗憾的是，当系统只返回唯一的一条候选定义时，定义的优劣与对错更无从对比，换言之，获取到的术语定义可能只是一家之言。

由此可见，网络使用者完全依赖搜索引擎提供的定义查询功能很多时候是不可靠的。在术语飞速增长的时代，快速、高效、准确的术语定义自动抽取系统的应用前景仍十分广阔。

术语定义抽取属于信息抽取（Information Extraction）的范畴。信息抽取是从文本中自动提取出特定的信息，并进行结构化处理，存储在数据库中供用户查询或做进一步的分析。信息抽取系统的输入一般为原始文本，输出的是结构化的信息。信息抽取在信息的准确率与概念描述的完整性方面有着较高的要求。术语定义抽取是信息获取与知识挖掘领域的重要课题。如何从搜索引擎的返回项中自动筛选、辨析并最终查找到最准确与完备的术语定义是值得术语学界与语言信息处理学界关注的重要课题。基于此，本研究提出了一种从大规模网络文本中自动获取术语定义的抽取策略。

## 二 术语定义的聚类的意义

在术语系统中术语与术语定义是成对出现的。术语的产生带来了术语定义的出现。面对如此庞大的文本数据，如何将这些术语定义进行分类、组织、存储、加工、整理，是摆在术语学家、语言学家、领域专家面前的一个现实问题。将若干条术语定义按照专业领域划分为不同的类别就是术语定义的聚类（Term Definition Clustering）。术语定义按领域聚类是术语工作的基础工作之一。面对数量激增的新术语，术语数据库需要不断更新，将新术语的各项条目添加进去，从而保持数据库与语言现象的同步发展。在术语数据库升级扩容的过程中，新术语及新术语定义的分类、归档是一项非常必要的工作。

大规模术语定义的领域自动聚类系统不仅有利于领域学科的研究者构建该领域的术语数据库及术语知识的系统化加工，同时领域聚类也提高了术语数据库使用者的查询、检索效率，使得全局性、系统性地研究该领域术语之间概念的层级与语义关系变得更为高效、便捷，也为术语本体学研究者与语言学领域词汇研究者提供了理论与技术支持。

### 三  术语识别的意义

术语自动识别一直是自然语言处理的一个重要问题。将术语从文本中自动识别出来对于未登录新词语发现、自动分词、机器翻译、多语索引、主题抽取、文档分类、词典编纂、双语对齐、构建领域词汇知识库等语言信息处理各相关领域的研究都具有重要的理论和现实意义。术语是术语系统中的核心元素，术语的自动识别对于了解一个学科领域知识的发展、演化及术语的传播、普及都具有重要意义。术语识别的研究与实践在维护术语概念的一致性、避免术语混用与乱用、分析语言现象的动态发展、规范语言文字的使用等方面都起到了重要的理论支持作用。

# 第二节  国内外研究现状

### 一  术语定义抽取的研究现状

术语定义的自动抽取研究近年来一直受到了语言信息处理界的广泛关注。

贾爱平（2004）从大规模的真实文本中找出带有定义的关键词或关键词短语。通过人工总结出八种定义的规则，再从大规模的真实文本中找出含有关键词但不带有定义的实例，人工找出四种排除规则，最后利用正反两种规则对语料进行测试，并对最终结果进行分析。

张艳（2003）在汉语句法分析的研究基础上，做了汉语术语定义的结构分析与抽取工作，并对术语如何下定义的问题进行了理论层面的探讨与研究。研究者针对《中国大百科全书》中电子学和计算机领域的语料进行了分词和词性标注处理，应用句法分析工具进行概率句法分析，归纳句子中的短语成分，并根据汉语句子的句型结构，总结出术语定义的结构特点，从而获得术语定义主框架与种差部分的短语，同时利用《同义词词林》中的语义类型，定义了核心词与种差之间的关系，自动生成出术语定义。

Horacio Saggion（2004）从 WordNet 里找到与所要查询术语最相关的词汇及其上位词，作为其相关词语连同查询术语本身一同作为查询项提交给信息抽取系统。该方法可使返回的文档的准确率大大地提高。定义抽取过程中，将与术语定义模板匹配上且包含至少三个相关词语的句子认定为有效的包含术语定义的句子。

Hang Cui（2004）将大规模的候选术语定义句子，通过句法分析器进行词性标注与语块分析。研究者以查询术语为中心开设窗口，统计出每个窗口位置出现某个句法单位的概率，这些概率构成该位置的向量，所有这些向量构成软规则模板。计算候选句子与软规则模板的相似度及词序列的置信度，抽取出概率最大的句子作为候选术语的定义。

钱菲、袁春风（2012）采用规则匹配及基于 $N$ 元统计模型的模板匹配来计算待匹配文本中每个句子与软模板之间的匹配度，进行术语定义的抽取。

吴瑞红、吕学强（2014）提出术语定义辨析模型并给出一种基于互联网的求解方法。研究者从百度百科与百度搜索中构建参考释义，根据参考定义与释义模板从辨析定义中抽取出最优定义。

上述研究者的工作都在一定程度上实现了术语定义的自动抽取任务，有的也取得了较高的准确率与召回率，但每种方法都有可以互相借鉴的优点，也有可以改善的空间。

我们知道，使用规则的方法需要一整套格式固定的、人工编写的规则模板。由于规则固有的局限性，所以使得信息抽取的精确率与召回率都受到影响；同时人工制定的规则较为主观、片面，缺乏整体性与系统性，难以穷尽复杂、多样的客观语言现象，更难将不断发展变化的语言现象都涵盖进来。单纯的规则匹配的方法只在句型结构上对术语定义进行筛选，而并未考虑到候选句子中每个词语的特征。在真实的自然语言中，大量符合定义模板规则的句子并不一定都是术语定义，而符合排除规则模板的句子有的确实是定义，还有一些规则以外的定义无法被识别，这些都是规则匹配方法先天固有的、难以克服的缺陷。

有的研究者实现的抽取系统涉及语言学方面的词汇、句法甚至语义的分析，处理复杂度较高；同时给术语下定义使用严格的种差加属概念的格式，定义模式灵活性较差，不适合从真实文本抽取其他语言形式（如外延型术语）的术语定义。有的研究方法设定固定数量的与查询术语相关的词语显得比较主观和武断，特别是在包含词语数量较多的候选句子中，该方法有时无法过滤掉垃圾信息，使得准确率无法得到保证。另一方面，在考虑术语相关词语的抽取时，通过计算词语之间的相似度可能将一些相关句子检索出来，这些相关句子可以被认定为术语的关联信息，但这些信息可能并不是术语真正的定义。有的研究方法没有选择以词为基本处理单位，而是选取以语块作为处理单位，颗粒度较粗，准确率必然会受到一定的影响。

## 二　句子聚类的国内外研究

聚类是研究样本分类问题的统计分析方法，是数据挖掘的重要内容之一。聚类分析能够揭示数据间的相互关系，是知识发现的重要依据，在经济学、社会学、生物学等各个学科领域的应用价值都很广泛。

聚类算法经常使用词语的相似度计算及句子的相似度计算。相似度计算在词义排歧、智能检索、自动问答系统、机器翻译、自动文摘、文本分类等自然语言处理领域具有非常广泛的应用。

词语间的相似度计算通常分为基于本体论（Ontology）或者基于语料库统计两种方法。基于本体论的词语相似度的计算可使用《同义词词林》来计算树状层次结构中两个节点之间的路径距离，作为两个概念之间的语义距离。语料库统计的方法通过词语相关性的各种算法来计算词语的相似度。例如，计算一组特征词与每一个词的相关性，这样每一个词都可以得到一个相关性的特征词向量，将这些向量之间的相似度作为这两个词的相似度。

基于本体论的方法不需要事先获得训练语料，比较直观、易于理解，能较准确地反映词语间语义层面的相似性，但这种方法得到的结果受主观判断影响较大，且较少考虑词语之间的句法和语用特点等因素。

基于大规模真实语料的方法能够比较客观地反映真实的自然语言现

象。一般来说，词语在句法、语义、语用各个方面的因素影响都会被考虑到。缺点是这种方法比较依赖于训练语料的质量与规模，计算复杂度较高且受数据稀疏的影响也较大。

句子的聚类是基于句子相似度计算的。句子的相似度计算常用的方法有基于向量空间模型的 $TF \times IDF$ 方法和基于语义的方法。一种方法是把句子视为词的线性序列，不考虑词语之间的相互关系，不对语句进行语法结构分析，而只利用句子的表层信息；另一种方法是对句子进行句法和语义分析，属于深层结构分析法。

基于向量空间模型的 $TF \times IDF$ 的方法通常用来计算文本之间的相似度，也可被用来计算两个句子之间的相似度。一个句子使用一个 $n$ 维的向量 $T = (T_1, T_2, \cdots, Tn)$ 来表示；另一个句子用 $n$ 维向量 $T' = (T'_1, T'_2, \cdots, T'_n)$ 来表示。那么两个句子之间的相似度可以用 $T$ 和 $T'$ 这两个向量之间夹角的余弦值来表示。权重采用 $TF$ 与 $IDF$ 来计算。$TF$（Term Frequency）代表词的出现频率，$IDF$（Inverse Document Frequency）代表倒排文档频率，表示词的区别能力。向量空间的计算方法比较适用于文本分类，算法相对简单易懂。然而该算法存在一个问题，即在句子的相似度计算中，由于句子的长度比文本短得多，只有当句子中的词语较多，句子之间相互重叠的词语或义原数较多时效果才比较好，且该方法将词语之间看成完全独立的个体，没有考虑到上下文语境之间的关系，也没有考虑到词汇语义之间的关系。

基于句法和语义的句子相似度计算的方法大体是在句法分析的基础上通过计算义原、词语的语义相似度，最终得到句子的相似度。

李彬等（2003）提出了一种基于语义依存的句子相似度计算。研究者利用《知网》语义知识库、语义消歧系统及依存语法建立起句子依存结构，进行相似度计算。

赵妍妍（2003）把词义距离定义为两个词对应的义原在义原树中的最短距离。采用词义消歧进行词义距离的计算，基于关键词特征同时利用两个句子中所有有效词来构成向量空间，计算两个句子的向量夹角的余弦值作为句子间的相似度。

许石、樊孝忠（2005）利用《知网》的义原纵向与横向关系及实例信息计算不同词性的相关度。在计算义原距离时，考虑了义原之间的关系，对义原的距离进行修正，结合相似度的对称性并加入计算实例的影响因素，提高了相关度的准确率。

本书的聚类分析属于句子的领域聚类，换言之，领域特异性是聚类的本质属性。句子的领域聚类是个相对较新的研究领域。以上文献的句子语义相似度计算一般指的是两个句子之间结构类似、词汇之间可以使用同义词或者近义词代替，同时上述方法在计算句子之间的相似度时，要同时考虑句子的语法结构信息和词汇语义信息，而且普通的句子相似度计算一般把句子中的每个词语等同对待。句子的领域聚类无须考虑语法结构信息，同时句子中每个词语对区分领域的贡献度是不相同的，在聚类处理中也应区别对待。这是本研究所涉及的句子领域聚类与一般意义上的词语、句子、文本聚类的差异。

### 三 术语识别的研究现状

术语识别是自然语言处理中的一个重要研究领域。首先我们需要明确识别对象，究竟什么是术语？对术语的界定，学界一直以来有着各种不同的理解，但大体上术语识别都是建立在名词、名词短语与固定搭配的抽取工作之上的。

最初的术语识别完全采用手工的方法，由语言学专家或领域专家从语料中经过人工甄别获取术语集。与机器识别比较，人工识别术语的方法具有识别准确率较高的优点，缺点是人力与时间开销巨大，有时会受主观人为因素的影响。随着新术语的不断增加、信息源的急剧膨胀、语料库规模的不断扩大，人工识别术语的方法显然已经行不通了，借助计算机的计算能力与自然语言处理技术是目前术语识别的主流方法。

术语识别的方法包括规则与统计两种方法。使用纯规则的方法目前已经很少。纯统计方法抽取出来的词、短语，有一部分是无意义的语言单位，或者是一些普通词汇。抽取出来的是不是真正的术语仍需要人工的筛选。所以目前大多数研究都是将统计方法与规则方法结合使用。

采用规则的方法抽取术语的有 Dagan 和 Church（1994）、Justeson 和 Katz（1995）与 Kyo Kageura 和 Bin Umino（1996）。

特别值得一提的是，Kageura 和 Bin Umino（1996）采用规则与统计相结合的办法，提出了"术语度"（Termhood）的概念。术语度表示一个语言单位属于领域词汇的程度，一个词的术语度越高，它成为术语的概率越大。

　　术语的抽取过程一般分为两个步骤：首先进行术语候选词抽取，再通过进一步计算，在候选集中进行术语选择。常用的有基于统计的方法计算字串的内部结合强度，如计算频率、互信息、Dice 公式、隐马尔科夫模型、t 检验、$X^2$ 检验等。统计的方法中通常加入语言学的知识，利用术语的词法、句法信息甚至语义信息等进行术语抽取。

　　Uchimoto 等（2000）与 Fukushige 和 Noguchi（2000）认为术语是领域专有词汇。只有在一个领域内通用，而在其他领域内很少被使用的词语才是术语，研究者将候选术语词频 *TF* 与倒排文档频次 *IDF* 相结合进行术语的抽取。

　　Hisamitsu（2000）通过估计一个包含某个术语的文本与一个未包含该术语的文本的距离来计算词汇的术语度进行术语识别。

　　Keh-Yih Su 等（1994）利用字符串的相对频率，即字符串的出现频次与语料中所有长度相同字符串平均频次的比值去测量字符串的重要性。研究认为相对频率越大的字符串作为术语的概率越大。

　　Chien（1997）、Zhang 等（2000）利用上下文依附信息来测量一个字符串与上下文字、词间的依附程度。研究认为，与上下文窗口依附程度较大的字符串可能是术语的一个部分；反之，如果字符串与上下文的依附程度较小，则可能是术语的边界。

　　Church 和 Hanks（1990）采用互信息的策略抽取术语。互信息（Mutual Information）是通过定量描述两个符号（或符号串）之间的结合力来衡量独立性的一种方法。在术语识别中，互信息用来测量组成术语的字或词彼此间的相互关系。互信息的计算公式为：

$$I(x,y) = \frac{\log_2 p(x,y)}{p(x)p(y)} \qquad (1-1)$$

　　式中 $x$ 与 $y$ 是两个特殊事件，$P(x)$ 是事件 $x$ 单独出现的概率，$P(y)$ 是事件 $y$ 单独出现的概率，$P(x,y)$ 是事件 $x$ 与 $y$ 共现的概率，$I(x,y)=0$ 说明 $x$ 和 $y$ 关联强度大，$I(x,y)=0$ 说明 $x$ 和 $y$ 的概率独立性，$I(x,y)=0$ 说明 $x$ 和 $y$ 具有互补的分布特征。互信息高的字符串，是术语的可能性大。

　　Patrick 和 Dekang（2001）将互信息和 Log- likelihood 结合使用，使 Log-likelihood 参数，避免了一些低频词的遗漏。

　　Shimohata 等（1997）基于熵的计算抽取术语。熵是不确定性的度量。

研究使用熵去度量一个词语作为术语的概率。

张锋、许云（2005）实现了一个中文术语的自动抽取系统。该系统基于互信息计算字串的内部结合强度得到候选术语，并从这些候选术语中过滤掉基本词，同时利用普通词语搭配前缀、后缀信息进一步过滤，最后通过术语候选的词法分析和术语词性构成规则进一步进行识别。

吴云芳（2003）提出"术语部件"的概念。术语部件是指特定专业领域中结合紧密、生成能力强、使用稳定的语言片断。研究者从术语数据库中统计出术语部件，面向信息科学与技术这一专业领域进行术语部件的分析，提出术语部件描述方法并设计了术语部件描述所需的属性特征，通过分析术语部件的表层句法信息和内部结构信息来实现术语的自动发现。

李芸、王强军、张普（2001）实现了基于动态流通语料库的信息科技领域术语的自动抽取。研究者根据术语在文本中的分布，将术语分为三类，不同的类别给出不同的抽取方法。第一类：前界和后界都有明显的标志。这一类用简单的程序抽取出来。第二类：只有后界标志的术语。这一类利用人工标注的结果，考虑术语的用字、用词情况，术语的词长、结构类型，对术语自身特点和术语的分布特征进行分析，结合统计的方法对抽取结果进行训练，再经过人工校对，自动学习新的数据。第三类：没有任何标记的术语。这一类术语利用流通度理论进行处理。通过计算词语的流通度值，根据词语在不同领域的流通度值的共时差异，区分出一般词语与术语，再根据术语流通度值的历时差异，判断术语是否新术语。

杜波、田怀凤（2004）针对专业领域术语的特点，利用多种衡量字符串中各字之间结合紧密度的统计量，抽取出双字候选项，并将这些候选项进行左右双向扩充，通过过滤筛选出符合要求的多字候选项得到最终结果。

孙乐、金友兵、杜林（2005）基于英汉平行语料库自动抽取术语。采用基于字符长度的改进方法，将平行语料进行句子级的对齐，抽取出双语语料中的名词和名词短语，作为术语候选集。通过计算每个英文候选术语与其相关的中文翻译之间的翻译概率。根据词频变化来设置合适的阈值抽取出其对应的中文翻译项作为汉语术语。

凌祺、樊孝忠（2005）在领域词汇自动获取的研究中，同样按照术语的前后界标记将术语进行分类。对于有前后界标记的术语，通过关键字和规则匹配进行抽取。对于无前后界标记的术语通过确定前后界位置，并

将候选词和普通词汇加以比对来抽取。系统预先确定一定数量的领域词汇
作为术语种子。研究者认为和种子词在同一句子中，同现频率很高的词或
者短语一般都是领域词汇，通过频次、共现频次和一定的评价标准获得新
的领域词汇，再将它们加入种子词集继续学习，自动获取新的领域词汇。

郑家恒、杜永萍、刘昌钰（2002）提出了一种基于语料动态获取专
业词汇的方法，即通过专业核心词和核心模式抽取出语料库中的同类专业
词，并由语料的规模和算法的循环次数动态控制获取的词数，最终得到专
业词汇词典。

穗志方（2003）从语料库中学习词汇之间的关联度信息、二词和多
词的组合置信度信息、组成成分的领域特征信息及术语的外部特征，即每
个词在语料库中作为术语左、右邻居的概率。研究分析术语内部构成规
则、词在术语构成中的位置信息。通过分析组成成分在术语首部出现的频
率、在术语中部出现的频率及在术语尾部出现的频率，来确定一个词语是
否合法的术语，同时篇章结构信息也被用来识别术语。如果某些语言单位
经常出现在术语的上下文环境中，那么这些语言单位就可以作为术语的
左、右邻居，为上下文中术语的识别提供依据。

田怀凤（2008）通过对统计数据库中双字和多字候选项增加字段的
处理，完成从生语料中抽取专业术语的工作，并可根据需要对识别出来的
术语进行含义解释和英文翻译，实验在计算机领域专业文献中进行测试并
对测试结果进行分析。

王卫民（2012）提出一种半监督的基于种子迭代扩充的专业术语识
别方法，研究使用少量训练文本，通过迭代的方法来增加训练样本，生成
新的模型，利用迭代生成的最终模型作为专业术语的识别模型。

上述各种方法大都是使用统计方法抽取文本中的术语，但抽取出来的
只是词语、固定搭配或者是不在词表里的未登录新词语。由于没有对
"术语"这一概念进行具有可操作性的明确界定，所以仍无法将术语与普
通词语、专名、固定搭配、常用短语区分开来；同时上述各种方法是从整
个文本中进行术语的自动抽取，系统将文本中的每个句子同等对待，造成
抽取的计算量大、复杂度高、效率较低。事实上，术语与非术语所在的外
部特征即上下文环境是不同的，术语所依存的句子与不包含术语的普通句
子，在系统处理时可采用不同的权重处理。在识别系统中，我们按照一定
的规范将术语所在的句子先加以确定，在划分粗边界的基础上，采用后续

识别方法在一个较小的范围内进行术语的识别，这样不但提高了抽取的效率，而且提高了抽取的准确率。本书中的术语识别研究就是在这一基础上完成的。

# 第三节　术语学介绍

## 一　什么是术语学

术语学（Terminology）属于应用语言学的一个分支，是一门相对较新的学科。术语学是对上下文语境中的特定概念的标记或命名，在知识系统中进行系统化、规范化的研究分析，以记载、统一、维护这些概念的正确使用的一门科学。从研究范畴而言，术语学研究概念和表达概念的术语，以及术语的发展规律，包括各专业领域中术语的结构、发展、用法、管理，以及概念、概念定义、概念分类、概念命名、概念体系、术语演变、术语编纂、术语数据库的构建等内容。术语学研究最基本的对象为术语，具体来说包括术语的性质、形成、分类、系统和作用等理论及应用课题。随着术语数量的急剧增长，术语学所覆盖领域的广度将不断扩大，加强术语学研究以指导术语的实践活动已成为一项必要的工作。

术语学是研究范围极其广泛的一门边缘交叉学科，是一门理论与实践方法相结合的学科，并不断与多门学科相关联，涵盖学科范围广泛，几乎涉及人类知识的各个领域。尤其在当今社会，科技发展日新月异，新的领域不断出现，已有领域也不断向纵深发展，术语的跨学科性（Cross-disciplinarity）与超学科性（Trans-disciplinarity）特征越来越明显。与此相适应，术语学的研究范围涉及语言学、逻辑学、本体学、认知学、词典学、翻译学、文献学、分类学、情报学和信息科学，是一门文理融合的综合性学科。术语学的研究方法也吸收并融合了哲学、系统方法论、逻辑学、符号学、控制论、语言学等多学科的研究方法。

新术语的产生、发展、普及和旧术语的消亡都体现了某个学科领域的发展与演变。有术语学家甚至提出在当今社会，术语学发展程度已经成为衡量国家科学技术先进与否的重要标志之一。审定、统一和规范术语，加强术语学研究，对于科技进步、社会发展具有重要的意义。术语学作为一门独立的学科必将发挥越来越大的作用。

## 二 术语学的发展简介

早在古希腊和古罗马时代，各类人文科学、自然科学的概念都通过术语来表述，这是最早的术语相关知识的研究。18 世纪的研究主要是针对哲学、自然科学、人文科学等领域内概念的术语表示。18 世纪以后，对术语的研究主要是针对术语的命名和统一。19 世纪各个学科的科学技术协会分别建立起来以进行术语的相关研究。20 世纪 30 年代初期，奥地利的欧根·维斯特开创了术语学，作为一门真正的科学，术语学诞生了。20 世纪 70 年代以来，术语学从传统的应用语言学中独立出来，成为了一门独立的学科。术语学作为一门新兴的学科产生之后，与自然科学和社会科学的各门学科的关系越来越密切，各领域的知识不断交融渗透。近年来，大量术语学的研究与计算机科学和自然语言处理技术相结合。术语学的本体研究也借助术语数据库与语言知识库和一些先进的研究手段，取得了丰硕的成果。在这些研究中，篇章术语学、术语知识工程学、认知术语学代表了术语研究的新方向。

## 三 术语学的主要流派

现代术语学有四个著名的学派：德国-奥地利学派、俄罗斯学派、捷克-斯洛伐克学派、加拿大-魁北克学派。

德国-奥地利学派的观点认为概念在术语学中占有重要的地位，概念是术语学的核心。他们认为首先要划分概念，才能划分概念的名称，即术语。术语是传递知识、技术和不同语种之间的概念的工具。概念系统是术语的基础。从语言学方面来讲，该学派术语学的研究一般只停留在词的研究层面上，处理术语的形态变化和句法规则与普通词汇无异。术语学的研究采用共时而非历时的方法。研究者认为术语学与语言学的研究方法是不同的。语言学的研究是描述性的，术语学的研究不仅具有描述性特征，同时还具有规范性的特征。他们也认为术语定义在术语学研究中占有特殊重要的地位，为了保证术语定义的一致性，需要建立起严格的下定义的规范准则。

捷克-斯洛伐克学派的观点认为，术语学是语言学的一个分支，所以术语学研究应采用语言学的研究方法。他们认为术语与普通词汇之间有着明显的区别，应明确两者之间的区别。术语的社会交际功能需要被重视，同时要加强术语特性的分析和研究。

俄罗斯学派的主要观点认为,术语学研究的对象属于语言范畴。术语学是研究、解决与术语相关的各种实际问题的一门应用科学,同时术语学的研究与社会文化有着密切的关系。

加拿大-魁北克学派同样认为概念是术语的核心内容。概念是术语分类、命名及给术语下定义的基础。术语在本质上是由概念、描述概念的指称构成的语言符号。术语标准化是社会语言学的研究范畴。术语工作同社会的语言政策有着不可分割的关系。他们认为在术语研究中,新术语具有极其重要的地位。

### 四 我国的术语学研究

(一)我国古代、近代的术语学研究

中国古代的科技水平在世界范围内处于较高的水平,伴随着科技的发展产生了各类学科的术语。席泽宗认为:"中国有着悠久的历史,历朝历代都很重视定名,孔子说过'名不正,则言不顺;言不顺,则事不成。'这说明名词是一切事物发展的起源。我们的老祖宗很重视名词,也付出了很多心血和努力。"

2300 年前,中国古代思想家墨子编著的《墨经》中包含了大量的关于古代科技的术语,涉及力学、光学、几何学、工程技术、物理学、数学等领域的基本要素。《墨经》中术语的定名与术语的定义书写都具有高度的逻辑性与规范性。战国末期荀子的《正名篇》是一部有关语言理论的著作,书中涉及的很多语言观点都与术语有关。中国最早的古代术语词典是汉初的《尔雅》,被称为"中国辞书之祖"。"尔雅"的意思是接近、符合雅言,即以雅正之言解释词语,使之近于规范。全书共有 19 篇,有16 篇均为解释名物词,共 1400 多条,涉及了各类学科的术语,其中大多数术语是科学技术术语,同时该书给这些术语都下了定义。魏、晋、南北朝时期,东晋葛洪的《抱朴子·仙药篇》、南北朝祖冲之的《缀术》、北魏郦道元的《水经注》等著作中都创造了大量的科学术语。汉、唐时期的佛典翻译,吸收了很多梵文的佛教术语。北宋沈括的《梦溪笔谈》一书中创造了许多数学、物理学、地理学术语。明代徐光启的《农政全书》创造了许多农业、土壤和水利工程方面的术语。宋应星的《天工开物》被西方学者称为中国科学技术的百科全书,19 世纪被翻译成多种语言,书中收集了大量的科技术语。李时珍的《本草纲目》描述数百种植物和矿物岩石名称，并且首次采用了系统科学的命名及分类方法。明末清初出现了大量的翻译著作，介绍西方的科学技术，涉及领域十分广泛，在这些译作中出现了大量的术语。19 世纪后半期，大量有关科学技术的国外著作被译为中文，译文中创造出了大量的新术语，丰富了术语的集合。1909年，成立了科学名词编订馆，这是中国第一个审定科学技术术语的统一机构。20 世纪初完成了《辞源》、《辞海》的编写，这两部著作中收录了大量的术语，并对术语下了定义。

（二）近年国内的术语研究

我国近期的术语学研究从 20 世纪 80 年代开始。我国在 1978 年加入国际标准化组织（ISO）。中国标准化研究院（CNIS）、全国科学技术名词审定委员会（CNCTST）、东亚术语论坛（EAF-Term）等术语学术机构也加入了国际术语信息中心（International Information Center for Terminology），中国的术语学研究已日益与国际术语学研究接轨。1985 年国务院批准成立了全国科学技术名词审定委员会，专门开展科技名词的审定工作，这是我国科技术语的规范进入历史新时期的标志。

术语数据库是进行术语研究的工具，是专业领域知识研究的重要知识源，可为专业领域及其他领域的研究人员和使用者提供系统化、结构化的领域信息。术语数据库的研究和开发直接影响到术语研究的水平。我国的术语数据库研究从 20 世纪 80 年代初开始。从 1989 年开始许多科研与教学单位陆续建立了各种类型的术语数据库。近年来，我国已经成功研发了一些领域专有的术语数据库，如机械、农业、化工、应用语言学、科技、大百科等术语数据库。数据库的收词规模小到数万，大到数十万。在术语与数据库规范的政策指导方面，一系列的国家标准相继颁布，如《确立术语的一般原则与方法》《建立术语数据库的一般原则与方法》《标准化工作导则——术语标准编写规定》《辞书编纂符号》《术语学基本词汇》《辞书编纂基本术语——第一部分》《术语与辞书条目的记录交换用磁带格式》《术语数据库开发文件编制指南》《术语数据库开发指南》《术语数据库技术评价指南》等。

1985 年全国科学技术名词审定委员会经国务院批准成立，工作领域涵盖基础科学、工程与技术科学、社会科学、医学、农业科学及交叉学科等各个领域，建立了较为完整的科学技术名词体系，促进了相关学科的建设和发展，推动了国内外科技知识的交流与传播，特别是对现代信息技术的应用与普及，起到了支撑性的作用。

在学术期刊方面，创建了专门定位术语研究的学术期刊《中国科技术语》。该期刊致力于建设中国特色的术语学理论、促进全球华语圈科技术语的统一与规范；是由科技专家与语言专家合力打造的集科技与人文于一体的综合性刊物。主要介绍国内外术语理论研究成果，公布规范科技名词，发布试用科技新词，组织重点、难点科技名词的定名讨论，探究科技术语的历史文化内涵，报道科技名词规范工作动态，促进术语学在中国的发展，是及时发布规范汉语科技名词的媒体，也是集中展现我国科技名词术语审定工作情况的窗口。

1993 年我国成立了中国术语工作网，致力于提供术语资料与咨询服务，组织术语学方面书籍的编纂与出版，研发计算机辅助术语工作，开展术语学的教学与培训，推动国内外术语工作的合作与交流等方面。

术语研究也是当代语言学关注的热点问题。从 20 世纪 90 年代以来，认知术语学逐渐兴起。研究者从认知心理学、认知语言学的角度探讨术语学的问题。2004 年全国科技名词审定委员会与黑龙江大学联合成立了中国第一个术语学研究所。2009 年国家学科标准设立了独立的术语学学科代码。近年来，术语学借助计算机科学的技术和方法不断扩张和丰富研究领域的广度和深度。2013 年两岸科技名词交流对照统一工作取得重大进展。我国第一部全面介绍汉语术语学理论的《中国术语学概论》编著完成，首批科技新词即将发布试用。

中国的术语学已经初步形成了具有一定高度、符合术语学内部规律的学科体系。术语学的研究和发展水平、标准化水平、术语数据库的开发水平已经接近世界领先水平。中国的术语学研究正朝着国际化、网络化、信息化的方向发展。

## 五　术语数据库

### （一）术语数据库简介

储存在计算机中的记录概念和术语的自动化电子词典，叫作术语数据库（Term Database）。术语数据库是由术语及其相关属性构成的数据库，是专业领域内的机器词典（Machine Dictionary）。利用术语数据库可以快速、准确地查询到术语的各种属性信息，也可实时更新、扩容数据库信息。术语数据库是术语学研究的重要工具，很多术语学的本体研究及与术语学相关的语言学、信息学的研究都是在基于术语数据库的基础上完成的。冯志伟（1989）认为术语数据库的研究是计算语言学的一个实用部门，它是现代语言学、现代术语学和现代计算机技术相结合的产物。

术语数据库的研发是术语学与术语标准化研究的重要内容。世界上第一个术语数据库 DICAUTOM，是由 J. A. Bachrach 1963 年在卢森堡建立的。之后德国、瑞典、加拿大、法国、苏联也分别建立了术语数据库。世界上著名的术语数据库包括：BTQ、BTC、LEXIS、TEAM、EURODICAUTOM、NORMATERM、TERMDOK、TERMNOQ、TERMIUM、GLOT、DANTERM、ASITO 等。

我国最早的术语数据库是在 1989 年由机械科技信息研究院建立的机电工程术语数据库。在此之后农业叙词表数据库、化工术语数据库、英汉科技分类词库、中国大百科全书术语数据库、应用语言学术语库、计算语言学数据库、测绘术语数据库、科学技术术语数据库等不同领域的专门术语数据库应运而生。特别值得一提的是，2000 年原中国标准研究中心的研究人员研制成功了中国标准术语数据库，该数据库中每条术语包含中文定义、汉语拼音、中文同义词及各种附属信息，同时可查询到该术语的英文对应语、英文同义词等信息。该数据库为调节科技、社会等各领域中的术语使用提供了范本，为形成中国良好的语文环境做出了基础性的工作。

（二）术语数据库的分类

术语数据库可根据不同的应用目的和面向对象分为不同的类型，一般按数据库的应用目的可分为两类。第一类用于术语标准化与术语协调、统一工作的术语数据库。该类数据库中每个术语条目都包含结构规范、内容准确的术语定义。第二类用于知识体系构建的术语数据库。该类数据库中每个术语项都有表示概念的属性。这些概念属性之间互相关联，同时概念与概念之间，依据某种结构关系或语义关系互相关联，形成结构化、规范化的概念网络，概念网络构成知识体系。

术语数据库按数据库面向用户群大体可分为三类。第一类是为翻译工作者建立的术语数据库。该类数据库服务于中外文翻译工作，数据库包含双语或多语的术语对照表及术语定义的对照表。双语或多语术语库对翻译过程本身具有较高的参考价值。一般来说，翻译工作者不是领域或术语学专家，要求普通的翻译者对各个领域的术语有全面、准确的了解是不现实的。翻译者借助该类数据库，可快速查询领域专有词汇的外语对译词，确保翻译用词的准确度，也减少了人工查询、检索、对比、筛选的工作，避免了术语的混用、错用现象，提高了翻译质量与翻译效率。特别是外文的科技文献、商务文书对术语翻译的准确度有着更高的要求，规范化的术语数据库对翻译工作起到了很大的支撑作用。跨语言对照术语数据库也促进了跨语言术语的统一与规范，有利于术语在全世界范围内的普及与推广。第二类是为领域专家建立的术语数据库。该类数据库可为领域专家把关领域术语及术语定义的创造、使用、推广。术语数据库可以根据需要进行再编辑与扩容，便于领域专家全方位地研究与分析术语相关技术的发展、变化。第三类是为一般公众建立的术语数据库。该类数据库为非专业的普通使用者提供一种快速、便捷的查询术语信息的工具。相对其他术语信息源，该类术语数据库信息权威、客观、全面、准确度高、可靠性强，在使用者中的认可度最高。

规范化的术语数据库的目标是为使用者提供正确使用术语的标准，因此应具有内容完备的属性来描述术语的各个方面的概念特征，同时根据不同的应用领域需求，数据库还可以包含其他不同的属性，来描述术语的领域特异性。一般来说，常见的术语数据库中最基本的术语信息应包括术语词条、术语定义、读音、对应的外文（通常为英文），其中术语词条与术语定义是术语数据库中最重要的内容。有的数据类目较为完备的数据库还包含术语的左右词汇搭配信息、词类信息、频率信息、同义词信息、反义词信息、领域相关词信息、术语的产生时间、出处信息等。有的数据库还包括术语与其他术语之间关系的关联信息，如同义、近义、上下、整体-部分信息、术语在概念体系中的位置信息、领域分类信息和一些语义信息。

我们知道，术语的数量是极其庞大的，并且术语集合是一个开放集。每年都会有大量的新术语不断地涌现，每个术语词条下又有各式各样的数据类目。高效的术语数据库可以快速、便捷地存储、读取各项数据类目。研究者还可以借助自然语言处理的知识和计算机的计算功能，在研究术语数据库中基本的术语信息以外，研究术语内部更深层次的语义关系。高质量的术语数据库还应易于扩充和编辑以满足不断增加的术语集的要求，同时易于查询和检索以满足数据库用户的检索、使用要求。如何创建、保存、使用和管理术语数据库始终是摆在术语学家、语言学家、领域专家面前的重要问题。

## 六 术语概念的唯一性与术语定义的多样性

术语概念的唯一性与术语定义的多样性是两个并不矛盾的事件。我们知道，术语与概念之间必须保持一一对应的关系，即一个术语在一个领域中只能指称一个概念，一个概念也只能对应于一个术语；同时本研究认为，术语与术语定义之间可以保持一对多的关系，即一个术语可以有多个语言形式的术语定义，这些不同内容的术语定义用来有侧重地描述术语的不同属性特征。术语的定名与如何给术语下定义有着各自不同的规范准则。

### （一）术语定名的要求

所谓术语定名，就是给一个概念指定一个科学的术语的过程。术语学的理论认为，术语的定名必须符合以下特征。

1. 准确性（Accuracy）：术语要确切地反映概念的本质特征。

2. 单义性（Monosemy）：至少在一个学科领域内，一个术语只表述一个概念，同一个概念只用同一个术语来表达，没有歧义。在创立新术语之前首先需检查该术语是否有其他同义词，若有同义词需在这些同义词中作出最佳选择。

3. 系统性（Systemization）：在一个特定领域中的各个术语，必须处于一个明确的层级结构之中，共同构成一个系统。

4. 语言的正确性（Linguistic Accuracy）：术语是词汇集合的一个组成部分，因此术语的结构要符合该语种的构词规则和词组构成规则。

5. 简明性（Conciseness）：为提高使用效率，术语要简明扼要、易读易记。

6. 理据性（Motivation）：术语的学术含义不应违反术语的结构所表现出来的理据，即可顾名思义、望文生义。

7. 稳定性（Stability）：术语一经定名，尤其是那些使用频率较高、使用范围广泛的，除非特别必要，一般不宜轻易改动。

8. 能产性（Productivity）：又称作派生性。术语确定之后，还可以由旧术语出发，通过构词法或词组构成的规则方法，派生出新的术语。基础术语越简短，构词能力越强，其派生为新术语的能力也就越强。

### （二）术语的潜在歧义论

歧义（Ambiguity）是自然语言中的普遍现象，任何一种自然语言都存在歧义现象，这也是自然语言与人工语言的区别之一。当语言形式与语言内容不能——对应时，歧义便产生了。同形歧义现象增加了自然语言的自动剖析（Automatic Parsing）的复杂度。术语作为汉语词汇的一个组成部分，同样也具有歧义现象。

术语的潜在歧义论（Potential Ambiguity Theory），简称为 PA 论，是由冯志伟先生提出来的，是现代术语学的重要理论创新。PA 论认为，中文词组型科技术语中，当一个词组类型结构（PT-结构）对应于一个以上的句法功能结构（SF-结构）时，就有可能对这个词组类型结构作出一种以上的不同解释，这时该结构是潜在歧义结构。所谓潜在，指的是 PT-结构在实例化过程中，歧义有可能保留，成为真歧义结构，也有可能消解，成为歧义消除结构，所以这种歧义形式是潜在的。PA 理论完善了传统语言学中"类别-类例"（Type-Token）理论对歧义的理论认识。"类别-类例"理论认为歧义格式相当于类型，实例化之后的词组相当于类例。事实上，类型原有的歧义并不会总在类例中出现，在一定条件下，类例转化为不具有歧义的结构。

潜在歧义论对国际术语学术界产生了重要的影响。冯志伟描述了汉语中的 26 种结构歧义，并以计算机科学领域中的术语为例，阐述了汉语术语中的 11 种潜在歧义结构，主要包括述宾-定中歧义、主谓-状中歧义、定中-状中歧义、述宾-状中歧义、主谓-定中歧义、联谓-状中歧义、联体-定中歧义、主谓-定中-状中歧义、述宾-定中-状中歧义、联谓-状中-述宾-述补歧义、联谓-联体-述宾-定中-状中-主谓歧义。

（三）术语标准化的必要性

术语的特征之一是单义性，即一个概念对应一个命名。术语的单义性特征确保了术语不会因为概念的不确定性而造成使用者理解上的偏差，保证了术语所描述的信息被正确无误地传达。

下文我们以几个例子来说明术语名称的混乱给人们日常生活带来的严重后果。《北京晚报》2005 年 9 月 7 日在一篇题目为"阿奇霉素竟有药名 11 个"的文章中指出，阿齐霉素有 11 个名称，如"泰力特""齐诺""希舒美"等。更惊人的是，据《首都医药》最近的一项调查表明，同一个药物最多竟然有 60 个名字，药品名称的混乱使用已严重影响到用药的安全。目前在我国市场上流通的药物有 6400 多种，其中常用的药物有 2000 多种，而与之相对应的药物名多达万种。例如，"左氧氟沙星"有

64 个商品名，还有 40 种常用药，各自的商品名都超过 20 个。据统计，每年有 1/4 的住院病人存在不合理用药，原因之一就是因为"一药多名"现象引起的混乱用药。

2006 年 5 月 1 日中国教育和科研计算机网刊登了一篇题为"我国科技名词的规范和统一任重而道远"的文章，也谈到了术语名滥用的问题。文中举例说"ergonomics 一词，在 15 家出版社出版的 21 部词典中，分别有人机学、人机工效学、人类工程学、人体工程学、生物工艺学、人类环境改造学、劳动经济学、工作环境改造学、工效学等 22 种叫法。如此混乱，如何交流?"

2014 年 8 月 15 日新浪首页刊登了一篇报道，引起了上万网友的热议。湖南省纪委预防腐败室一名副主任实名举报国家食品药品监管总局职责相关部门把中国南方地区传承上千年的"金银花"更名为"山银花"，并表示这一行为给数以千万计的百姓造成无比重大的经济损失。由于"金银花"一字之变毁掉一个产业，使其价格由 12 元跌至 1.4 元。邵阳市金银花花农拉横幅游行，要求中纪委查《药典》改变内幕，该事件在社会上引起了强烈的反响。

近年来在对外贸易、文化交流等领域，由于术语的定名不统一、规范性较差造成的交流失败或者经济损失屡有发生。保证术语与概念的一一对应性，是与日常生活息息相关的现实问题，是术语标准化工作的重要内容。

1. 什么是术语标准化

《GB/T 20000.1-2002》中给出的术语标准化（Term Standardization）的定义为：术语标准化是为了在一定范围内获得最佳秩序，对现实问题或潜在问题制定共同使用和重复使用的条款的活动。具体来说，术语标准化是在具体或抽象的事物完成其功能的过程中，用人为的方法，消除其所不必要的个别属性，使这些事物符合某种标准，从而保证它们能够相互交换而不受时间和地点的限制的一种全社会的活动。标准化工作应遵循简化性、协力性、实践性、选择性、复审性、方法性、强制性等原则。

造成术语的不规范现象的原因主要有以下几种。

跨学科领域的术语借用；跨语境的术语借用；地域之间的差异造成术语使用混乱；媒体的传播误导。

术语标准化工作包括对本民族本土术语及外来引进术语进行规范的工

作，包括对术语的定名、下定义、规范与协调。定名就是给一个概念赋予一个恰当的名字，将指称与概念一一对应起来，并给予该指称一个正确的定义。规范与协调是指将有可能混乱不一致的指称进行统一规范。李宇明认为术语的规范有三个基本任务，即系统梳理、规范歧义术语与术语关联。其中术语规范的首要任务是从宏观上对术语按照学科的概念体系进行梳理。术语规范的重点和难点是对同名异实的多义术语、同实异名的同义术语进行规范。术语关联指的是通过各种关联手段建立起术语之间的联系，其中包括不同学科相关术语的关联，术语与俗名、不同地区术语名称、相关语种之间的关联，建立术语正条与已经规范不用的术语之间的关联。

　　2. 术语标准化的重要性

　　由于概念产生与发展的速度不断增快，新术语的形成周期越来越短。据统计，每年新增术语大约十万条之多。对这个庞大的新术语集合若不加规范与统一，如果概念与术语之间缺少一一对应的关系，那么不仅无法达到正确理解与传播术语的目的，还会给领域学科的发展及现实生活造成混乱。术语标准化已经渗透社会生活的方方面面。2003 年全球消费者顾问委员会发布的调查报告指出，消费者推迟购买新产品的一大原因是因为不了解产品及相关技术行业的语言。

　　术语标准化有助于分清术语之间的专业界限和概念层次，能正确指导各项标准的制定和修订工作，对科技的可持续发展与技术交流具有重要意义。术语的规范、统一也是进行文化沟通与学术交流的基础。国际标准化组织和国际电工委员会设有独立的术语委员会，负责术语标准化的相关组织、协调工作。很多国家也都设立了全国性的术语委员会来指导术语工作。

　　国际标准化组织第 37 技术委员会（ISO/TC37）负责根据术语学的基本原则制定相关的国际标准。中国标准化研究院是 ISO/TC37 的小组成员，多年来致力于国家标准及国际标准的建立。在经济全球化高速发展的今天，术语标准化的重要性越来越不容忽视。

## 七　术语与普通词语

### （一）术语与普通词语之间的区别

术语是词汇集合的一个组成部分。术语与普通词汇之间究竟有什么异同？术语与普通词语之间的关系一直是术语学研究中的重要问题之一。

　　张普（2001）根据词语的流通度来区分术语与普通词语之间的区别。

他对术语的界定如下：术语只在一个或几个领域内流通，是该领域的高流通度词语，并且在其他领域的流通度为零或者近似于零。流通度成为术语与一般词语相比较的重要区别特征。他认为，"术语和一般词汇都是整个语言词汇的组成部分，都必须符合语言的一般构词和构成规则。一般词汇是所有人都通用的词，专门领域的术语是该领域的专业人员使用的词或固定词组。一些专业领域的部分术语有时会进入通用领域被一般人使用，一些专门领域可能极少有术语进入流通领域被一般人使用，一些术语可能被两个以上的专门领域的人员使用。"

冯志伟（2000）认为，"术语是语言词汇的一部分，因为其学术性、专业性较强，它们并不属于全民共同语的基本词汇。"

刘建华（2008）认为，"术语与指定概念间有单一意义关系（单一性），在文中表达概念时，形式和内容兼具稳固性。对特定领域而言，术语较其他一般词具有频繁使用、相对固定的上下文环境（即共现）、特定排版（如斜体）等特点"。

格里尼奥夫（2011）认为，"术语首先属于词汇单元的大集合，其专业词汇的属性是第二性的。术语与非术语的关系比较复杂。从符号学的角度来看，在一般词汇的语言符号方面，是从能指到所指视角运动的，而在术语符号方面，则是从所指（概念内容）到所指（外部形式）的。"

在本研究中，我们认为，术语或普通词语并非一成不变的，在不同语境下，两者可能互相转换角色。

## （二）术语的增长

科技领域、人文领域的新理论、新方法、新工艺、新材料、新仪器等产生了大量新概念。术语作为一个特殊的词汇集合，承载了专业学科领域知识系统的核心概念，是科技、文化沟通的重要工具之一。随着科技的进步与普及，很多专业术语不断融入普通词汇集合。统计表明，汉语新生词汇中有70%来自各学科领域的专门术语。1978年出版的《现代汉语词典》中，收录的术语为7657条，占收词总数56056条的13.7%。1987年出版的《汉语新词词典》收录的术语933条，占收词总数1654条的56.4%。《现代汉语新词语语料库》收录术语14466条，约占收词总数36291条的39.9%。这些新词语中术语所占比例是非常大的，英国语言学家G. Leech把这种现象叫作"行话化"。根据张会森先生的估计，"术语在当今的某些语言词汇中，可能占到80%左右"。李宇明认为，"新事物、新观念的产生或引进，必须创造新词语，包括给老词语添加新意义，或是改变已有词语的形式。新生词语层出不穷，用雨后春笋来形容新生词汇的产生速度之快、数量之多，毫不过分"。从上述的统计数据与观点可以看出，术语的增长速度呈不断上升的趋势，术语在词汇中所占的比重越来越大，地位越来越重要。

（三）术语与普通词语之间的交融、渗透

事实上，术语与普通词语并不是两个静止的概念，两者之间互相交融、渗透的过程始终没有停止过。在特定语境下，普通词语可以抽象为术语，术语也可以泛化为普通词语。

1. 术语的泛化

术语的泛化（Term Generalization）是指专业领域的术语在通用领域被广泛使用，成为日常用语一部分的过程。术语的泛化改变了术语的单义性和专业性的特征。术语泛化为普通词语这一语言现象，一直以来都受到术语学家和语言学家的重视。

本书前面已经提过单义性是指在一个特定专业领域内，一个术语只表述一个概念，同一个概念只用同一个术语来指称，术语与概念之间是一一对应的关系。所以在术语命名中，应避免同义术语、同音术语和多义术语的使用，避免概念之间的混淆。术语的泛化与术语定名中要求的单义性原则并不矛盾。术语泛化的过程使得术语包含有一个以上的概念，但是由于这些概念分别属于不同的专业领域，所以并不会造成理解上的混淆。例如：

> 软件是指一系列按照特定顺序组织的计算机数据和指令的集合，一般来讲软件被划分为系统软件、应用软件和介于这两者之间的中间件。

在计算机领域内，"软件"的概念如上述定义所表述的，而在非专业性的通用领域中"软件"指"服务水平、管理模式、人员素质，企业氛围等内容"。

克隆指一种人工诱导的无性繁殖方式或者是植物的无性繁殖方式。

在生物领域内，"克隆"的概念如上述定义所表述的，而在通用领域中，"克隆"指复制与原件完全一样的副本的过程。

　　有些专业领域中的术语与通用领域词汇之间的界限逐渐模糊，两者之间由于共享某种属性特征，通过术语的泛化过程，术语成为人们的常用语、惯用语。例如下述两个句子中的"内存"和"盲点"：

　　　　对不起，这个问题我一下子忘记了，大脑内存不够用了。
　　　　这件事情你没弄明白，是你理解上的盲点吧。

　　经过泛化后的术语，失去了在专业领域中的单义性与领域性，进入通用领域内，并具有了多义性与普遍性。

　　2. 普通词语的专业化

　　与术语的泛化相对应的是普通词语的专业化现象。普通词语的专业化（Word Specialization）指的是某些普通词语在特定领域与语境下，可以专业化为术语。词语在经过专业化过程之后，在不同的上下文环境、不同领域中，这些词语的概念内涵也不尽相同，甚至有时候可能完全不同，即普通词语专业化为术语后，概念上可能保持一致，也有可能所指称的是完全不同甚至毫无关联的概念项。下文我们将对普通词语专业化的几种类型分别加以描述。

　　普通词语可以成为具有相同概念的术语。我们以三个词语为例加以阐述，例如：

　　（1）"失眠"一词在《现代汉语词典》中的意思是"夜间睡不着或醒后不能再入睡"。该义项可作为通用领域"失眠"的普通词汇释义。

　　《医学科技词典》里的意思是"由于精神活动长期过度紧张，致使大脑的兴奋和抑制功能失调，精神活动能力因而受到影响而造成的不充分的睡眠或不完全的睡眠，临床特点是失眠、多梦，常伴有头痛、头昏、胸闷、心悸、腹胀、注意力不集中，临床表现有入睡困难、多梦、易醒、醒后难以再入睡"。该义项可作为医学领域"失眠"的术语定义。

　　（2）"增长"一词在《现代汉语词典》中的意思是"增加、提高"。

　　经济学领域的"增长"指的是："连续发生的经济事实的变动，其意义就是每一单位时间的增多能够被经济体系所吸收而不会受到干扰。"

　　（3）还有一些普通词汇，可转化为领域专有词，并且可跨多个专业领域，分别指称同一个概念，但由于这些术语所归属的领域不同，定义描述的着眼点、侧重点不同，所以可以使用不同的定义形式对概念加以描述。普通词汇的义项与各专业领域术语的定义，在语义上有一定的交叉项，但却有着明显的区别，术语定义的领域特征性较为明显。以"房地产"一词为例，在通用领域中指"个人或团体保有所有权的房屋及地基"。

在房地产领域中"房地产"指的是"房产和地产的总称，房产指的是建立在土地上的各种房屋，包括住宅、厂房、仓库和商业、服务、文化、教育、卫生、体育以及办公用房；地产是指土地及其上下一定的空间，包括地下的各种基础设施、地面道路等"。

在法律领域中"房地产"的定义为，"房地产本质上是一种财产权利，这种财产权利是寓含于该实体中的各种经济利益以及由此而形成的各种权利，包括所有权、使用权、抵押权、典当权、租赁权等"。

从上述的词语释义与定义描述可以看出，普通人对"失眠"、"增长"、"房地产"一词的理解与专科大夫、经济学研究者、房地产从业者、法律从业者的理解在广度、深度层面都有很大的差距。

可见日常生活通用领域中的普通词语，可以专业化为某个特定领域的术语，但因对概念属性描述颗粒度的不同，而拥有不同的定义。

普通词语专业化为领域术语，且包含与在通用领域中截然不同的概念。例如，"指针"、"协议"、"地址"、"循环"四个词语，一般来说被认为是通用领域的普通词语，但在计算机领域它们的确是常用的专门术语。在《现代汉语词典》中的义项就是它们作为普通词语的释义，而在计算机词典或数据库中的义项就是它们作为术语的定义。

《现代汉语词典》中的释义如下：

指针：（义项1）钟表的面上指示时间的针，分为时针、分针、秒针，或仪表指示度数的针。

（义项2）比喻辨别正确方向的依据。

协议：（义项1）协商。

（义项2）国家、政党或团体间经过谈判、协商后取得的一致意见。

地址：人、团体居住或通信的地点。

循环：比喻周而复始。

上述词语在计算机词典中的释义分别如下：

指针：是一个保存对象地址的变量。

协议：一种成文的公约集，管辖两台相互通信的系统间的信息交换格式化和相对定时。

地址：（义项 1）数据源出地和目的地的代码。

（义项 2）确定传输目的地和来源的数字位或字符序列。

（义项 3）文件的位置，可以使用地址查找 Internet 和计算机中的文件，Internet 地址也称为 URL。

循环：是一种常见的控制流程，是一段在程序中只出现一次，但可能会连续运行多次的代码。

普通词语演化为具有领域属性的术语的过程，通常是因为术语借用了普通词语的某些属性特征，而这种属性特征也是该术语的重要属性之一。例如，"孵化器指人工孵化禽蛋的专门设备"。"孵化"包含从无到有、从小到大的属性，被引入经济领域后，便可生动地表述为"在企业创建初期阶段，提供资金、管理等便利，推动合作和交流，使企业不断成长的过程"。

通用领域的词语转化为具有领域特性的术语的现象也是隐喻（Metaphor）在术语产生过程中特有的表现形式。所谓隐喻，是指由于两个事物存在某一类相似的特征属性，而用一个事物来指代另一个相似事物的修辞方式。隐喻是语言学中的普遍现象，术语是语言词汇的组成部分，所以隐喻现象同样会发生在术语中。

## 八　术语的跨语言借用

### （一）术语跨语言借用的基本类型

根据《GB 术语工作计算机应用数据类目》的定义，跨语言借用（Cross Language Borrowing）又称为跨语言移植（Cross Language Transplantation），是指一种语言直接使用另一种语言的某个术语。语言本身具有民族性与地域性，语言的借用现象是词汇发展的一种普遍现象。术语从不同的语言系统中借用词语或吸收词语的现象使得在术语集中包含一部分从别的语言借用过来的外来语。

术语中的外来语分为以下几个类型，其中以意译型与首字母缩合型数量居多。术语的跨语言借用体现了汉语对外来术语的吸纳和归化能力。

1. 音译型术语（Transliterated Term）

音译型术语指的是使用本族语中相同或相近的语音，将外来语（主要是英语）的语音译写出来的术语（见表 1 - 1）。

**表 1 - 1** 音译型术语示例

| 音译型术语 | | | | |
|---|---|---|---|---|
| 博客<br>（blog） | 克隆<br>（clone） | 基因<br>（gene） | 磅<br>（pound） | 咖啡因<br>（caffeine） |
| 蒙太奇<br>（montage） | 麦克风<br>（microphone） | 安培<br>（ampere） | 氟利昂<br>（freon） | 凡士林<br>（vaseline） |
| 鲁棒<br>（robust） | 夸克<br>（quark） | 雷达<br>（radar） | 尼古丁<br>（nicotine） | 卡通<br>（cartoon） |
| 休克<br>（shock） | 苏打<br>（soda） | 霓虹<br>（neon） | 声呐<br>（sonar） | 泵<br>（pump） |
| 拷贝<br>（copy） | 黑客<br>（hacker） | 引擎<br>（engine） | 淋巴<br>（lymph） | 逻辑<br>（Logic） |
| 瑜伽<br>（yoga） | 蹦极<br>（bungee） | 高尔夫<br>（golf） | 乌托邦<br>（utopia） | 瓦特<br>（watt） |
| 欧姆<br>（ohm） | 加仑<br>（gallon） | 盎司<br>（ounce） | 品脱<br>（pint） | 台风<br>（typhoon） |
| 桑拿<br>（sauna） | 伟哥<br>（viagra） | 媒体<br>（media） | 纳米<br>（nanometer） | 卡路里<br>（calorie） |
| 马赛克<br>（mosaic） | 荷尔蒙<br>（hormone） | 萨克斯风<br>（saxophone） | 阿司匹林<br>（aspirin） | 皮卡<br>（pickup） |

音译法简便、直接，能直观地反映出术语的外来语语言身份。例如很多计量单位都使用音译法。在音译型术语中，语音承载的内容是术语借用的唯一理据，但这些外来术语的发音完全是按照汉语拼音的拼读规则来拼写的，所以不可能和源语言保持完全的一致性。

2. 意译型术语（Paraphrased Term）

意译型术语是指按照原语言的意义翻译成汉语的术语（见表 1 - 2）。

**表 1 – 2**                                    **意译型术语示例**

| 意译型术语 | | | | |
|---|---|---|---|---|
| 云计算<br>（cloud<br>computing） | 沉没成本<br>（sunk cost） | 人工智能<br>（artificial<br>intelligence） | 大数据<br>（big data） | 决策引擎<br>（decision<br>engine） |
| 等离子技术<br>（plasma<br>technology） | 禽流感<br>（bird-flu） | 多点触控<br>（multi<br>-touch） | 电容式触摸屏<br>（capacitive<br>touchscreen） | 闪存<br>（flash<br>memory） |
| 电子商务<br>（E-Commerce） | 干细胞<br>（stem cell） | 跨平台<br>（cross platform） | 兆像素<br>（mega pixel） | 上帝粒子<br>（god particle） |
| 流媒体<br>（streaming<br>media） | 数据仓库<br>（data<br>warehouse） | 无线充电<br>（wireless<br>charging） | 域名<br>（domain<br>name） | 搜索引擎<br>（search<br>engine） |
| 社会媒体<br>（social media） | 全球变暖<br>（global<br>warming） | 对冲基金<br>（hedge fund） | 蓝牙技术<br>（blue tooth<br>technology） | 宽带<br>（broad band） |
| 风险管理<br>（risk<br>management） | 市场营销组合<br>（marketing<br>mix） | 机会成本<br>（opportunity<br>cost） | 纵向合并<br>（vertical<br>integration） | 自由贸易<br>（free trade） |
| 视网膜显示<br>（retina display） | 供应链管理<br>（supply chain<br>management） | 虚拟现实<br>（virtual reality） | 商业模式<br>（business<br>model） | 财政政策<br>（fiscal policy） |
| 外部总线<br>（external bus） | 密钥恢复<br>（key recovery） | 虚拟终端<br>（virtual<br>terminal） | 文件服务器<br>（file server） | 访问控制<br>（access<br>control） |
| 动态网络<br>（active<br>network） | 非自愿性失业<br>（involuntary<br>unemployment） | 契约曲线<br>（contract<br>curve） | 高能货币<br>（high-powered<br>money） | 市场份额<br>（market<br>share） |

汉语术语语言系统的结构基础是由语素组成的，这一特性决定了在术语借用的所有类型中，意译法占优先地位。意译法保证了原语言与目标语两种语系之间所表达概念的完全对应，是最易于理解的术语借用类型，也是最优选的借用类型。

3. 首字母缩合词术语（Initial Term）

首字母缩合词术语是指根据外来语的每个单词的首字母而组成的术语（见表 1 – 3）。

**表 1 – 3**                                    **首字母缩合词术语示例**

| 首字母缩合词术语 | | | |
|---|---|---|---|
| OS<br>（operating system，<br>操作系统） | FOB<br>（free on board，<br>离岸价） | SSD<br>（solid state drive，<br>固态硬盘） | REST<br>（representational<br>state transfer，<br>表述性转移状态） |

续表

| 首字母缩合词术语 | | | |
|---|---|---|---|
| SARS（severe acute respiratory syndrome，非典型肺炎） | AIDS（acquired immune deficiency syndrome，艾滋病） | WTO（World Trade Organization，世界贸易组织） | BRIC（Brazil、Russia、India、China，金砖四国） |
| RAM（random access memory，随机存储器） | DVD（digital video disc，数字视频光盘） | UPS（uninterruptible power supply，不间断电源） | GPS（global positioning system，全球定位系统） |
| HTTP（hyper text transfer protocol，超文本传输协议） | MHL（mobile High-definition link，移动终端高清影音接口） | RTLS（real time location systems，实时定位系统） | ERP（enterprise resource planning，企业资源计划） |
| GST（goods and services tax，增值税） | QE（quantitative easing，量化宽松政策） | NFC（near field communication，近距离无线通信） | VAT（value added tax，附加税） |
| USB（universal serial bus，通用串行总线） | AQI（air quality index，空气质量指数） | PPI（producer price index，生产者物价指数） | GDP（gross domestic product，国内生产总值） |
| MBS（mortgage-backed securitization，抵押贷款证券化） | EQ（emotional quotient，情商） | IP（internet protocol，网络协议） | IM（instant messaging，即时通信） |

需要注意的是，首字母缩合词术语在不同领域也可能出现同名异义现象。例如，术语"SLR"在不同的领域表达不同的内涵，具有不同的术语含义。

在摄像领域 SLR（Single Lens Reflex）意为单反相机。
在海洋学领域 SLR（Sea Level Rise）意为海平面上升。
在信息学领域 SLR（Super Logic Range）意为超级逻辑区域。

首字母缩合词并非全部都为术语，其中也包含普通词语。例如，下述首字母缩合词"APR"所代表的概念包含：

APR（augmented pay reality）增强支付现实
APR（Apache portable run-time libraries）Apache 可移植运行库
APR（annual percentage rate）年利率
APR（annual products review）年度产品回顾

APR（April）4 月

其中 APR（April）为普通词语，其他各项为专业领域术语。

在实验中，我们发现首字母缩合词术语同名异义的现象，在所有术语类型中最为普遍。以术语 CPI 为例共有 17 个不同义项，分别覆盖经济、政治、信息、管理、医学等领域，其中消费者物价指数（Consumer Price Index）在这 17 个义项中知晓度、使用频次最高，其余义项知晓度普遍较低，使用频次也较低。

（二）术语本土化过程中的命名问题

术语本土化（Term Localization）是指在术语跨语言借用过程中，将外来术语的语言形式改变为本土语言的形式。李宇明认为，术语本土化过程中的术语命名问题涉及本土化、规范化与国际化的问题。近代西方在科技方面仍占有一定的优势，自洋务运动以来，中国术语工作的一个重要部分就是术语本土化。任何一个术语都不是孤立存在的词汇，而是术语庞大的体系网络中的一个节点，与其他术语有着各种语义关联。在术语本土化的翻译过程中需考虑本族语的语言特点及已经建立好的术语体系。

在术语借用的所有类型中，意译法难度最大，基本相当于在汉语词汇中创造了一个新词。译者需要对源语术语所表达的概念有准确的理解和把握，还需有完善的本土语的语言学知识，同时还需对术语所涉及的专业领域有一定的了解，才能从母语中创造或找到最准确的术语对译词成分，并将这些成分组配成新术语。

在音译术语中，汉字只作为记音符号，不具有实际的意义。汉字本身的词义、语义已经被消解，所以对本族人尤其是对外来语掌握水平较低的本族人，音译术语与概念内涵间没有任何语义关联，理解与记忆都比较困难。从术语规范化的角度而言，在处理音译型术语的过程中，记音符号的选择是一件严谨的工作，必须遵循术语规范化的标准。

首字母缩合词反映出术语定义原则中的简洁性特征，这种术语生成方式简化了原来复杂的语言形式，便于使用者记忆与书写，也有利于术语的普及与推广，但它的弊端也很明显。当同名首字母缩合词术语过多时，即使跨不同领域，依旧会造成使用者对其概念的混淆。当汉语借用西文首字母术语时，尤其当该术语存在大量同名异义术语时，给首字母术语加入中文对应词注释是必要的。术语命名时需要在经济原则与准确性原则方面找到最佳平衡点。

跨语言借用现象在术语的构成中占有相当大的比重，随着不同语系间术语移植现象的不断增多，该比重还有不断上升的趋势。术语的跨语言借用表明科学技术与社会发展在各个国家之间的交流与传播越来越广泛，也充分体现了全球一体化、科技无国界、文化无国界、信息无国界、术语无国界这一特点。

（三）汉语术语的输出

汉语术语的输出（Chinese Term Output）指的是将本族术语输出到其他国家语言系统中的过程。本土术语的输出是外来术语输入的逆过程。一个国家输出术语的数量与它在该领域的领先水平成正比。近年来，随着中国经济与科技的迅猛发展，术语输出的速度不断加快，体现了中国在科技、人文等各领域的国际影响力与相关学科的优势领先地位的不断加强。

汉语术语在中医、中药、武术、体操、传统风俗民俗等领域输出了大量术语，其影响广度与深度不容小觑。在某些科技领域，汉语输出的速度及汉语在国际术语库中的比例也在不断提高。李宇明认为，中国学者要培养起汉语输出的意识，在论文撰写与拥有自主知识产权的发明中，优先使用汉语语素构造术语，包括有意识地使用汉语拼音构造术语。扩大汉源术语的学术影响力，通过将汉语科技文献译为外文，加速汉源术语在世界范围内的传播。编纂汉源术语词典，集中反映汉源术语的全貌，也是术语输出的有效途径，同时在汉源术语的翻译过程中，应考虑外文的构词规则和语言习惯，以促进术语在非母语环境中的传播。

## 九 新术语与旧术语在定义出现概率上的区别

在术语定义抽取研究中，通过实验发现，新术语与旧术语在术语定义数量上的多寡有着明显的差异，该特征可用来作为辨别术语新旧的一个指标。在一个给定的文本集合中，对一个术语所包含术语定义数量的考察，对识别新术语提供了一定的支持。

（一）什么是新术语

据统计每年新增术语大约有十万个。究竟什么是新术语？新术语的概念有以下几种界定。

《GB 术语工作-计算机应用-数据类目》给出的定义为：在标准化工作中或语言规划过程中处于刚刚引入阶段的术语。

《GB/T 15237.1-2000》给出的定义：对已有概念的重新定名和对新概念的命名。

王强军（2004）给出的定义：术语词典中未收录的术语，也叫未登录术语。

（二）新术语与旧术语的定义数量差别

判定一个术语到底是"新"还是"旧"，该问题的本身比较主观。不同文化、教育背景的人可能有不同的主观界定。那么是否有一种能被计算机操作的、实用性的方式可以界定新术语呢？"新"还是"旧"与术语定义数量的多寡是否存在一定的关联呢？我们选用两组术语进行实验对比。

一组术语知晓度较高、产生时间较长，另一组术语知晓度较低、产生时间较短。实验将两组术语都分别提交给搜索引擎，并对相同数量的返回文本中包含的术语定义的数目进行统计和对比。实验结果发现，新术语一组得到的术语定义的数量远远大于旧术语一组得到的术语定义的数量。换言之，新术语以定义形式出现的概率远远大于旧术语以定义形式出现的概率。由此我们可以得出这样的结论：新术语的出现往往伴随着定义的出现，一个术语作为新术语的概率与它的定义出现率成正比。

## 十 术语的语缀

现代汉语以合成词为主，缺乏严格的词型变化，派生词较少，语缀并不发达。随着新领域、新术语的产生，为了指称概念的某种属性特征，汉语术语的语缀也在不断增加。汉语中派生词的构词规则具有理解周遍性，只要词缀与其他实词素依据正确的构词规则组合在一起，使用者就可以根据语缀与实词素的语义类推出该类术语的语义。这种理解周遍性特征使得包含词缀的派生术语不断增多。术语的语缀与普通词汇的语缀不完全相同，前者只是后者的一个组成部分。汉语常用语缀如"阿"、"老"、"儿"、"员"、"第"等，以及近年来的网络流行语语缀如"族"、"迷你"、"热"、"控"等，一般不充当术语的语缀，不在本书的考察之列。表1-4和表1-5分别列举了最常见的包含后缀与前缀的术语示例。

表 1 – 4　　　　　　　　　　　　　　包含后缀的术语示例

| 后缀 | 示例 | | | | | | | | |
|---|---|---|---|---|---|---|---|---|---|
| 率 | 召回率 去化率 容积率 | 热导率 死亡率 贴现率 | 传输率 出生率 城镇化率 | 偏心率 收视率 存款准备金率 | 圆周率 普及率 | 收益率 发病率 | 生产率 分辨率 | 折射率 转化率 | 准确率 市盈率 |
| 化 | 产业化 多元化 | 商业化 机械化 | 工业化 沙漠化 | 电子化 脸谱化 | 网络化 国有化 | 信息化 雾化 | 市场化 钙化 | 城市化 硬化 | 标准化 |
| 学 | 术语学 统筹学 地质学 言学 | 词汇学 社会学 测量学 | 生物学 心理学 航天学 | 统计学 物理学 宗教学 | 经济学 政治学 教育学 | 管理学 天文学 遗传学 | 建筑学 符号学 美术学 | 历史学 新闻学 体育学 | 工程学 广告学 计算机语 |
| 度 | 摄氏度 屈光度 相似度 | 华氏度 聚合度 模糊度 | 感光度 酒精度 坡度 | 能见度 对比度 湿度 | 平面度 复杂度 | 满意度 酸碱度 | 灵敏度 光泽度 | 隶属度 黏稠度 | 清晰度 饱和度 |
| 性 | 离散性 社会性 器质性 | 对称性 显著性 溶解性 | 挥发性 科学性 阻燃性 | 继发性 草食性 兼容性 | 趋同性 可用性 抗氧化性 | 腐蚀性 有效性 | 随机性 抗爆性 | 似然性 周期性 | 协调性 放射性 |
| 论 | 模糊论 方法论 义论 | 相对论 测度论 劳动价值论 | 逼近论 还原论 | 决定论 人口论 | 养生论 信息论 | 博弈论 宇宙论 | 知识论 概率论 | 契约论 不可知论 | 因果论 潜在歧 |
| 式 | 反应式 附行式 调式 | 恒等式 封闭式 | 分子式 开放式 | 分布式 沉浸式 | 行列式 虹吸式 | 集中式 交互式 | 集成式 电子式 | 嵌入式 过去式 | 离行式 五声 |
| 法 | 迭代法 色谱法 | 牛顿法 自然拼音法 | 构词法 凯氏定氮法 | 消解法 五格剖象法 | 公式法 头脑风暴法 | 教学法 | 记忆法 | 扦插法 | 输入法 |
| 物 | 反应物 沉淀物 抵押物 | 有机物 内标物 代谢物 | 无机物 填充物 提取物 | 混合物 废弃物 易燃物 | 螯合物 污染物 水不溶物 | 化合物 障碍物 可吸入颗粒物 | 氧化物 构筑物 | 参照物 漂浮物 | 纯净物 恒沸物 |
| 子 | 原子 | 分子 | 离子 | 电子 | 中子 | 质子 | 粒子 | 黑子 | 等离子 $\mu$ 子 |
| 系 | 坐标系 血系 | 太阳系 | 银河系 | 河外星系 | 地月系 | 总星系 | 水系 | 根系 | 谱系　山系 |
| 质 | 电解质 甲壳质 | 细胞质 生物质 | 肺间质 矿物质 | 蛋白质 腐殖质 | 电介质 大脑皮质 | 珐琅质 舌质 | 多血质 单质 | 有机质 角质 | 染色质 |
| 素 | 叶绿素 抗生素 | 河豚素 褪黑素 | 同位素 黑色素 | 谷维素 青霉素 | 营养素 抗菌素 | 维生素 番茄红素 | 叶黄素 胡萝卜素 | 纤维素 | 胰岛素 |
| 炎 | 关节炎 角膜炎 | 气管炎 脊柱炎 | 脑膜炎 鼻咽炎 | 心肌炎 肠炎 | 胆囊炎 肺炎 | 盲肠炎 肝炎 | 阑尾炎 肾炎 | 牙周炎 皮炎 | 结膜炎 |
| 仪 | 投影仪 水准仪 激光测距仪 | 血糖仪 浑天仪 红外测温仪 | 光谱仪 地动仪 红外热像仪 | 经纬仪 平板仪 | 测距仪 地震仪 | 摄像仪 天球仪 | 地球仪 行车记录仪 | 测量仪 气相色谱仪 | 导航仪 |
| 计 | 流量计 转速计 | 照度计 功率计 | 波美计 高度计 | 温度计 电压计 | 湿度计 分光光度计 | 高斯计 液体比重计 | 血压计 维氏硬度计 | 压差计 | 风速计 |

续表

| 后缀 | 示 例 |
|---|---|
| 剂 | 防腐剂 杀虫剂 黏合剂 着色剂 净化剂 润滑剂 活性剂 添加剂 催化剂 凝结剂 干燥剂 兴奋剂 麻醉剂 吸收剂 增白剂 赋形剂 镇痛剂 药剂 |
| 体 | 国别体 编年体 弹性体 纹状体 共同体 生物体 螺旋体 海马体 松果体 线粒体 流星体 绝缘体 中间体 经济体 玻璃体 病原体 异构体 核糖体 抗体 |
| 器 | 存储器 显示器 转换器 读卡器 播放器 传感器 服务器 路由器 蒸发器 加湿器 浏览器 变压器 生成器 定时器 加速器 继电器 散热器 示波器 助听器 触发器 整流器 |

**表 1-5　　　　　　　　　　　包含前缀的术语示例**

| 前缀 | 示 例 |
|---|---|
| 亚 | 亚热带 亚寒带 亚音速 亚光速 亚健康 亚灌木 亚音频 亚黏土 亚花梨 亚光 亚硝酸钠 |
| 超 | 超声波 超音速 超自然 超高温 超高压 超短波 超新星 超高频 超平 超导 |
| 有 | 有性生殖 有机物 有形资产 有理数 有神论 有氧运动 有抵押贷款 |
| 无 | 无机物 无理数 无烟煤 无纺布 无线电 无神论 无土栽培 无氧运动 无性生殖 无形资产 无脊椎动物 无条件反射 |
| 非 | 非官方 非金属 非暴力 非营利 非流通 非线性 非晶体 非主流 非球面 非物质遗产 非农数据 非典型肺炎 非数值应用 |
| 泛 | 泛宇宙 泛神论 泛户外 泛性论 泛域名 泛政治化 泛民主派 泛太平洋 泛北部湾 泛非洲主义 泛水 泛音 |
| 类 | 类人猿 类金属 类风湿 类固醇 类病毒 类肝素 类毒素 类词缀 类芦 类地行星 类胡萝卜素 |
| 可 | 可燃冰 可燃物 可回收 可循环 可再生 可持续 可转债 可变现 可识别 可融资 |
| 反 | 反物质 反中子 反函数 反质子 反粒子 反倾销 反证法 反作用 反冲力 反弹道导弹 反三角函数 |
| 单 | 单细胞 单片机 单晶体 单元音 单音节 单边桥 单项式 单倍体 单边合同 单边协议 单机 单板 |
| 双 | 双细胞 双晶体 双轨制 双能卫 双色球 双横臂 双胞胎 双规 双底 双摇 双虹 双卡双待 双边贸易 |
| 多 | 多细胞 多晶体 多项式 多用户 多功能 多通道 多线程 多音字 多义词 多媒体 多任务 多边形 多元化 多倍体 多党制 多边 多播 |
| 自 | 自媒体 自营销 自驾游 自组织 自卸车 自适应 自免肝 自修复 自燃 自住型商品房 |
| 总 | 总线程 总股本 总效率 总产值 总星系 总吨位 总血红蛋白 总胆红素 总领事馆 总胆固醇 |
| 半 | 半导体 半流体 半元音 半金属 半封建 半自动 半成品 半音阶 半乳糖 半挂车 半轴 半殖民地 半总统制 |

续表

| 前级 | 示例 | | | | | | | |
|---|---|---|---|---|---|---|---|---|
| 云 | 云计算 | 云存储 | 云电视 | 云邮箱 | 云政务 | 云物流 | 云媒体 | 云平台 | 云教育 云物业 云浏览 云论坛 云支付 云音乐 |
| 次 | 次声波 | 次文化 | 次磷酸 | 次元音 | 次世代 | 次新股 | 次生环境 | 次贷危机 |
| 大 | 大数据 | 大农业 | 大熊猫 | 大产权 | 大户型 | 大提琴 | 大概率 | 大三阳 | 大阴线 |
| 小 | 小数据 | 小农业 | 小键盘 | 小熊猫 | 小产权 | 小户型 | 小提琴 | 小概率 | 小三阳 小阴线 小商品 |
| 被 | 被除数 | 被减数 | 被加数 | 被继承人 | 被执行人 | 被精神病 | 被就业 |
| 逆 | 逆回购 | 逆定理 | 逆反应 | 逆运算 | 逆矩阵 | 逆十字 | 逆断层 | 逆命题 | 逆钟向转位 逆商 |
| 子 | 子目录 | 子程序 | 子公司 | 子系统 | 子域名 | 子文件 | 子网 | 子集 |
| 准 | 准分子 | 准系统 | 准元素 | 准原子 | 准粒子 | 准金属 | 准线性 | 准共有 | 准就业 准货币 准现房 准宾语 准航母 准股权 准地租 准晶体 准法律行为 准市场模式 准3G手机 |
| 过 | 过电压保护 | 过冷水 | 过定位 | 过劳死 | 过采样 | 过饱和 | 过扫描 | 过氧化钾 | 过流 |
| 不 | 不等式 | 不饱和 | 不变量 | 不动产 | 不兼容 | 不可抗力 | 不良资产 | 不计免赔 |

这些包含语缀的派生术语，有相当大的比重是近年来媒体曝光率较高或与百姓生活密切相关的新术语，其使用范围广、使用频率高、影响力大、传播速度快。例如，"次贷危机"、"逆回购"、"市盈率"、"准现房"、"小产权"、"云计算"等。

**十一 一些基本概念**

下文分别介绍了与本研究相关的一些重要术语，这些术语的界定依据中华人民共和国国家标准《术语工作-原则与方法》。

1. 概念（Concept）是客体在人们心理上的反映。术语的本质是表达概念的，术语学以研究术语所表达的概念及概念之间的关系为基础。概念是思维的最小单位，也是知识的基本单位。术语学所指的客体（Object），既包括客观存在并可观察到的事物，也包括依靠想象产生的事物。概念是人类思维的基本形式与重要组成部分。在认识事物的过程中，通过观察、分析、推理等思维方式，把客观事物的本质属性加以抽象概括从而形成概念。术语学所描述的概念是与某一个特定知识领域所研究的客体相对应的。在知识领域中，概念用定义描述，并被赋予约定的指称。

2. 概念体系（Conceptual System）是通过逻辑关系联系起来的概念的集合。一组概念可根据概念间的相互关系构建成概念体系。每个概念在概念体系中占有明确的位置。概念体系间层级结构分明，能正确反映出客观事物，便于下定义和规范指称，便于协调和容纳不同语言的相应术语体系。概念体系反映相应的知识体系。概念体系的构建包括搜集专业领域的概念、分析概念的内涵与外延、确定各概念在概念体系中的位置及与其他概念的关系、为概念下定义、赋予概念科学的指称等工作。

3. 特征（Feature）是指一个客体或一组客体特征的抽象结果，是用来描述概念的。任何一个客体都具有众多特征，人们根据一组客体所共有的特征形成某一概念。这些共同特征在心理上的反映，称为该概念的特征。

4. 本质特征（Essential Feature）是指在某个专业领域中，反映客体根本特性的特征。本质特征因概念所属专业领域而异，反映不同专业领域的不同侧重点。

5. 区别特征（Distinctive Feature）是指用以区分本概念和其他概念的特征，也称作变异特征。用定义描述被定义项时，必须给出区别特征。

6. 层级关系（Hierarchical Relationship）描述概念间的包含关系。层级关系包括上位概念和下位概念。上位概念是指层级系统中，可划分为若干个下一级概念的概念。下一级概念则被称为下位概念。层级关系包括属种关系、整体-部分关系。属种关系是概念外延的包含关系，小概念的外延是大概念外延的一部分，小概念除了具有大概念的一切特征，还包含自身的区别特征。整体-部分关系指客体间的包含关系。小概念对应的客体是大概念对应客体的组成部分。

7. 非层级关系（Non-Hierarchical Relationship）反映了客体间的除层级关系以外的其他关系，包括序列关系（如空间关系、时间关系、因果关系、源流关系、发展关系）、联想关系（如推理关系、形式-内容关系、函数关系、物体-属性关系、结构-功能关系、行为-动机关系、行为-客体关系、生产者、产品关系、工具-操作关系）等。

8. 任何一个概念都包含内涵（Intention）和外延（Extension）。

（1）概念的内涵是反映到概念中来的事物的特有属性，即这个概念所反映的客体的全部特征。

例如，"木马是一种带有恶意性质的远程控制软件。"

（2）概念的外延是指一个概念所指客体的范围，是反映到概念中来的事物的数量范围。

例如，"木马一般分为客户端和服务器端两种类型，客户端就是本地使用的各种命令的控制台；服务器端则是要给他人运行，只有运行过服务器端的计算机才能够完全受控。"

按照外延的包含类型特征，又可分为同类外延和成分外延。一般来说，概念的内涵越丰富，包含的属性越多，外延则越小；反之，内涵越贫乏，包含的属性越少，外延则越大。该特征也被称作概念的内涵与外延的反变关系（Reverse Relation）。

9. 术语学三角（Terminology Triangle）。在术语系统中，客体、概念、术语、定义四元素构成术语学的基础。术语学三角用图形表达了客体、概念、称谓（术语、名称或符号）、定义之间的关系（见图1-1）。

国际化标准化组织在《ISO/DIS704》中对术语学三角的四元素分别做了如下描述：

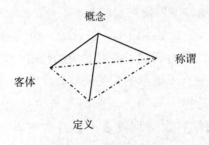

**图1-1 术语学三角**

（1）客体是主体以外的客观事物，是主体认识和实践的对象，是具体化的一个客观事物。被观察、认知或理解，被抽象或概念化成为概念。

（2）概念映现或对应于若干客体，由称谓或定义以语言形式表示，被组织成概念体系。

（3）称谓（术语、名称或符号）指称或对应某个概念，属于某个概念。我们用术语、名称或符号来表示这个概念。这些术语、名称或者符号就是称谓。

（4）定义用来界定或描述概念。在术语学三角的四个元素中，概念是基础。术语与术语学本身都是基于概念的。一个客体被观察、理解之后即抽象成概念。术语是概念的语言载体。在某个专业领域内术语与概念之间应保持一一对应的关系，即一个术语只表示一个概念；一个概念只有一个指称，即只由一个术语来表示，否则会出现异义、多义和同义现象。要了解一个概念必须有定义的支持，用定义来解释和描述一个概念，这个概念才可以被理解和传播。

术语学三角中概念—定义—术语三者的关系是术语研究的重要内容。

# 第四节   术语与术语定义的界定

本书的研究范围包括术语学研究及术语信息处理研究两大部分，其中术语信息处理研究包括术语定义抽取、术语定义的领域聚类及术语识别三个核心问题，也就是说，我们的研究对象针对两个基本概念——术语与术语定义。本节我们提出一种术语与术语定义的界定方法。

## 一   术语的界定

（一）学界对术语的不同界定

什么是"术语"，一直是术语学界争议的一个问题。术语的界定是术语学的基础工作之一，只有明确了研究对象的性质、划定了研究对象的范围，才能在此基础上进行术语学的相关研究。

国际标准、国家标准、辞书、词典都曾给"术语"下过定义，一些专门从事术语研究的学者也分别发表了各自的观点。以下列举了18条"术语"的界定：

1. 国际标准 ISO1087-1 Terminology work - Vocabulary-Part 1：Theory and application 以及在国家标准的翻译版本："术语（Term）"就是指"专业领域中一般概念的文字指称（Verbal Designation）"，其中一般概念（General Concept），是指多个具有共性而形成概念的对象。

2.《现代汉语词典》：某一学科中的专门用语。

3.《辞海》：各门学科中的专门用语。

4.《汉语大词典》：各门学科中用以表示严格规定的意义的专门用语。

5. 国家标准（GB 10112-1988）-《确立术语的一般原则与方法》：术语是指称专业概念的词或词组。

6. 《中国大百科全书》：术语是某一学科或行业中的专门用语，术语可以是词，也可以是词组，用来正确标记生产技术、科学、艺术、社会生活等各个专门领域中的事物、现象、特性、关系和过程。

7. 冯志伟：通过语音或文字来表达或限定专业概念的约定性符号，叫作术语。

8. 粟武宾：术语是持有某一目的而使用的语言，是整个语言词汇的一部分。

9. 全如城：术语是定义明确的专业名词，是专业学术体系中的知识单元。

10. 刘建舟：术语是概念的语言表示形式，它集中体现和承载了一个学科领域的核心知识。

11. 龚益：术语是在特定学科领域用来表示概念的称谓的集合，是通过语音或文字来表达或限定科学概念的约定性语言符号。

12. 王强军：术语是经常在专业领域中出现，而很少在其他领域中出现词语。

13. 隆多：术语在本质上是语言符号，是能指和所指组成的语言统一体。

14. 陈原：在某一专门学科表示一个专门概念的单词或词组。

15. 冯天瑜：术语指各门学科的专门用语，基本上都是名词，所含概念与某学科或某专门领域的整个概念系统相联系，并受其限定。

16. 昝红英：术语是表达或者限定专业性概念的约定性符号。

17. 郑伯承：各学科领域都包含许多具有专门意义的词项，这些词项就叫作术语。

18. pela Vintar：术语是关键词化（Keywordness）的词或词组，使用（TF×IDF）的值来决定是否为关键词。

（二）本研究对术语的界定

上述对术语的各种界定中，如什么是"专业领域"、"专门用语"、"专业概念"、"专业学科"、"关键词化"这些用词较为模糊，不同的人群可能有不同的理解。对某个领域的专家来说属于专门领域、专业概念、专门学科、关键词化的词语，对普通人群而言可能仅仅属于通用领域的普通词汇。这些抽象的概念如同术语一样也是需要预先界定的。

我们以一个简单的例子来阐述该观点。例如"门"这个称谓，对普通语言使用者来讲就是指"房屋等的出入口"；在建筑学里，"门是指在出入通道处所设可开关或转动的装置"；在生物学里"门"指"生物分类法中的一级，位于界和纲之间"。在电子学中"门"是"一种逻辑电路"。

如果按照上述列举的各种术语界定方式去判断，"门"被界定为普通词语的概率非常大，因为它可能出现在多个通用领域中，不具有领域特异性。如果按照常用的术语抽取的统计方法（如 TF × IDF），无法识别出该词语的概率也很高，而实际上在三个专业领域中"门"确实是术语。基于此，我们提出了一种不同的术语界定方法。该方法建立在国家标准《GB/T 16786—2007 术语工作-计算机应用-数据类目》的基础之上。其中关于术语的界定为：专门语言中表达已定义概念的词语的指称。

依据我们对术语的界定方式判断如下两个句子：

> 门是指在出入通道处所设可开关或转动的装置。
> 客厅的门通向卧室和厨房。

第一句中的"门"就可以被认作术语，第二句中"门"只是个普通词语。

本研究以语言信息处理为目的驱动，定义术语为：在某一特定领域内，有定义性描述的词或词组。

该界定方法的优点是将术语与被定义项的关系紧密结合起来。某种程度上我们可以认定术语是某一特定领域内的被定义项，由此可以得出这样的结论：一个词语是否术语，它所在的上下文环境即句子（我们将上下文窗口控制在句子的范围）起了决定性的作用。一个词语在一个上下文环境中可以是术语，在另一个上下文环境中则可能是普通词语。一个词语是否术语或普通词汇并不是一成不变的。

依照这一界定方法来抽取术语，有以下几点好处。首先概念的清晰度、准确度高。该界定方法排除了人名、地名等专用名词。因为这些专名指称现实中的唯一个体，而唯一个体是不可能有定义的。排除了各种修饰性的语言成分，如形容词、副词、成语、俗语、俚语等。能被识别出来的一定在某专业领域有定义性描述，符合前面所列的所有关于术语的界定。

同时该界定方法可操作性强。在以计算机为工具的语言信息处理中，上述传统的各种界定无法让计算机理解，很难具有实际的操作意义。在本研究的视角下，定义性描述是通过语言形式表现出来的，并根据这些语言形式特征建立起形式系统，设计出相应的算法，让计算机自动操作。形式语言理论（Formal Language Theory）是用数学方法研究自然语言和人工语言的产生方式、一般性质和规则的理论。形式语言采用数学符号，遵循一定的语法规则。描述手段是形式语言的重要内容，描述手段必须是严格的，且能使用有限的表述手段描述无限的语言。实际上，本书所述的术语识别工作即是据此实现的。

另一方面，该界定方法与专业领域直接建立起联系。纵观前面引用的各种术语界定的方法，其核心都是要同专业领域相关联，这也是所有界定方法的共同点。我们的方法是从术语定义中抽取出术语，而定义的语言内容本身及定义的上下文语境都会明确地指示该术语所在的专业领域类别。实际上，本书所述的术语定义聚类的工作也是据此实现的，并且这样的界定方法也解决了同一个词形用在不同领域充当术语的身份辨认问题。

对该术语界定方法可能会遭受到的批评或质疑，我们也分别做了如下预测。

问题一：大量的术语在文本中的出现都是使用性出现，并非定义性出现，按照这种方法就无法被抽取出来了。

问题二：这种方法能抽取出新术语，但抽取不出老术语。比如，能从网络里抽取出"上帝粒子"、"4G"、"网络锁"、"三维打印"、"PM2.5"这类相对较新的术语，因为这类术语通常都能在文本中找到定义，但是像"电灯"、"电话"、"电视"、"电冰箱"、"照相机"这类老术语由于在文本中找不到定义，所以抽取不出来。然而只要经过认真分析，就可以看出这两种批评其实是站不住脚的。

通常意义上，术语识别按照目标驱动分为两种类型：

一类以构建术语表为目的，从文本中抽取出术语的词形（Type），并识别其所属的专业领域，按专业领域进行归类。

另一类识别工作是在事先已有一个术语表的基础上，在上下文语境中识别出术语的各种词例（Token），目的是研究术语出现的频率、上下文语境、用法等动态性质。

本书的术语识别属于第一种类型，也就是以从文本中识别出术语的词形和所属领域为目的。我们的识别策略就是抓住术语出现的源头，将所有有定义性描述的词语给找出来。

　　第一种批评认为，没有定义性描述的术语可能在一篇文本中无法被识别，然而只要它是术语，就一定会有定义性的描述出现，因此一定有可能被抽取出来，并识别出其所在的领域，添加到术语表中。

　　当然在识别的具体操作中，要看能否把术语出现的源头文本都找到。诚如第二种批评所指出的，用这种方法抽取的术语多数是新术语。因为几十年前、几百年前出现的术语，其定义性描述所在的文本许多尚未数字化，更谈不上进入网络，基于互联网进行识别的过程中，暂时还无法抽取到，但是那些老术语早已被收进各种汉语词典、术语词典、术语数据库中，对于该类术语来说，第一种类型的术语识别工作根本没必要去做了。

　　采用本研究的方法抽取出的新术语，连同词典中原有的老术语整合在一起，就可以获取全部术语的词形，构造出完整的术语表，并不断扩充、发展。利用这样的术语表，采用一般的分词和词义排歧的方法，在大规模文本中抽取出术语的词例，完成第二种类型的工作。

　　以往术语抽取的工作没有区分这两种不同性质的工作，以致识别效果不佳。首先抽取出来的词语若果真是术语，绝大多数都是各种术语表中已经有的，从构造术语表的角度看并无很大实用价值。其次抽取出来的词语中包含着一定数量的非术语，还得花费大量的人力在识别结果中去筛选、鉴别。比如，使用 TF × IDF 的统计方法，抽取出来的只是领域特异词，即在某个领域中经常出现而在其他领域较少出现的词语，但这些词语中有可能是人名、地名、机构名、固定搭配、常用语、俗语、惯用语等大量非术语词汇。使用互信息的统计方法抽取出来的也会有一些非术语的固定词语搭配。最后把待处理文本中所有的词语一视同仁地都作为术语的初选对象，极为低效。术语与非术语的语义特征与上下文环境是不同的。本研究从文本中寻找到术语的粗边界，在此基础上进行术语的识别，提高了计算的效率。

　　使用我们对术语的界定方法进行术语抽取，对于未登录新术语的发现尤其有效。事实上在实际的应用过程中，所谓术语识别其实主要就是指新术语的识别。新术语的传播、普及、规范是术语标准化工作及研究学科领域发展动态的重要内容。将这部分术语识别出来，对建立与完善术语表极其关键。一个新术语必定指称一个新概念，一个抽象的概念必定以一个定义的语言形式来进行描述，被定义项就是系统所要识别的术语。基于上述分析，本研究将术语与术语定义关联起来，提出了一种从术语定义入手发现术语的识别策略。

## 二 术语定义的界定

（一）学界对术语定义的界定

相对于术语的界定，术语定义的界定研究较少，究竟什么是"定义"，以下列举几种不同的界定方法：

1. 《GB-术语工作-计算机应用-数据类目》：描述一个概念并使其区别于同一概念体系内其他概念的表述。

2. 《现代汉语词典》：对于一种事物的本质特征或一个概念的内涵与外延的确切而简要的说明。

3. 互动百科：定义是认识主体，使用判断或命题的语言逻辑形式，确定一个认识对象或事物在有关事物的综合分类系统中的位置和界限，使这个认识对象或事物从有关事物的综合分类系统中彰显出来的认识行为。

4. 百度百科：定义是通过列出一个事物或者一个物件的基本属性来描写或规范一个词、概念的意义。

5. 冯志伟：用一个已知概念对一个概念做综合的语言描述。定义是揭示概念的逻辑方法，即指出概念所反映的事物的特有属性。

同样我们认为上述的定义模式在语言信息处理的实际操作中难以把握。比如，"已知概念"对一些人群来说可能是已知的，但对另外一些人群来说可能就是完全陌生的概念。同理，对"本质特征"、"确切"、"简要"、"综合"、"有关"、"基本"这样的词语都很难准确地界定，在计算机处理过程中操作性不强。

（二）本研究对术语定义的界定

一般来说，对一个词语的定义，可以采用词语式、描述式和定义式三种不同的释义方式。杜比钦斯基认为释义（包括词语式与描述式）是从素朴的世界图景的角度来解释语言单位的意义，通常对语文词典来说是比较典型的。定义式属于逻辑范畴的概念，对百科词典、术语词典来说是比较典型的，面向的是严整的科学世界图景。

词语式又称为词法定义或释义法，是用一个相对通俗易懂的词语解释另外一个较难理解的词语。一个词法定义提供一个与被定义词相当的表达。例如，"骄矜"意思是"骄傲"，"渴念"意思是"渴望"。当一个词语例如"既然"、"顺便"较难用一个同义词解释时，词典通过给出这个词语的特征并加以描述。

该方法对词语的释义一般是针对同义词或近义词之间而言的。一般来说词语式的释义方式，只是用一个同义、近义词替代另一个词语进行描述，不能算作词语真正的定义。

描述式是通过描写实物、叙述情节和说明用法来解释词义。例如：

> 高粱是指一年生草本植物，叶子和玉米相似，但较窄，花序圆锥形，生在茎的顶端，子实红褐色，品种很多，子实除了供食用外，还可以酿酒和制淀粉，秆子可用来编席、造纸等。

> 货币基金是聚集社会闲散资金，由基金管理人运作，基金托管人保管资金的一种开放式基金，专门投向风险小的货币市场工具，区别于其他类型的开放式基金，具有高安全性、高流动性、稳定收益性，具有准储备的特征。

该方法对词语的释义一般是对事物的各个方面的特征做相关性的描述。

词语的定义式一般具有特有的方式和特点，基本都不外乎以下三种方式。

1. 内涵定义（Connotative Definition）

该定义式通过属概念和种差的描述来释义被定义项。内涵定义列举被定义概念的特征来描述概念的定义，其中被定义项是待解释的词语，用来解释的句子叫作定义项。定义项包括最邻近的上位概念和种差。内涵定义是定义式中的经典形式，其结构特点为：

被定义项　　　　　＝　　　定义项
（被定义的概念）　　　　　属概念＋种差

例如：

　　电报是用电信号传递文字、照片或图片的通信方式。

　　低筋面粉是水分 13.8%，粗蛋白质 8.5% 以下的面粉。

　　ISP 是向广大用户提供互联网接入业务、信息业务和增值业务的电信运营商。

内涵定义简明扼要、准确清晰，概念之间的层级结构关系明确，用属概念与种差确定了被定义项在概念体系中的位置，在定义类型中使用最为广泛。缺点是对于那些非种概念的概念，也就是本身为属概念的概念，用这种定义结构方式难以描述被定义项。

　　2. 外延定义（Denotative Definition）

　　通过概念的数量范围来描述概念的外延的定义，其下位概念的数目一般是可穷尽的。外延定义要求使用者具有一些先验知识，这种定义假定定义接受者对于所列举和描述的概念已经比较熟悉。例如：

　　太阳系行星包括水星、金星、地球、火星、木星、土星、天王星、海王星、冥王星。

　　人文社会科学包括文学、历史学、哲学、政治学、经济学、语言学、宗教学和伦理学等学科领域。

　　开放式基金主要包括股票基金、混合基金、债券基金、货币市场基金四大类。

外延定义通过列出一个词语的所有元素来阐述一个概念。

　　3. 上下文定义（Contextual Definition）

　　上下文定义也称作情境定义。有些词语很难在一个句子中被准确地定义，这时可以通过引证被定义概念在文本中出现的上下文语境来描述它的内涵，也就是说，通过使用一个不出现被定义项的句子来解释这个被定义项在句子中的意义。

　　同一个术语的定义可以根据概念描述的侧重点的不同，选择采用内涵式定义或外延式定义。例如：

　　化石能源是一种碳氢化合物或其衍生物，是由古代生物的化石沉积而来的一次性能源。

化石能源包含的天然资源有煤炭、石油和天然气。

术语定义抽取系统的目标，一是给术语工作者提供足够的参考信息，辅助他们完成术语定义的编订工作；二是帮助专业工作者全面、客观地理解本领域内术语的意义；三是帮助大众了解新概念、新事物、新知识，促进该术语相关知识的传播。本研究中术语定义抽取系统制定的原则是宁多勿漏，因此我们将描述式与定义式的词语释义全都视为合法的术语定义。事实上术语定义抽取研究中所指的术语定义也包含术语的释义，即一般的意义描述，与术语标准化工作中所指的严格的术语定义一并都是系统的抽取对象。

# 第二章

# 术语定义的抽取研究

本研究使用规则加统计的方法，提出了一种从互联网海量信息中实现术语定义自动抽取的策略。系统在术语定义规则匹配的基础上，使用统计的方法从大规模的术语数据库中提炼出一些定义识别的参数，再通过构建语言模型等统计计算的方法，进一步提高术语定义抽取的准确率。互联网提供了一个大规模、动态更新的信息资源库，能够反映真实的自然语言现象。本研究基于互联网，从大规模的真实语料中进行术语定义抽取。术语定义抽取也是知识发现的一项重要内容。

## 第一节 候选术语定义的规则匹配

### 一 文本下载

用户提交给百度搜索引擎一个术语查询，搜索引擎则返回一系列的包含查询术语的相关文档。我们的研究就是基于百度搜索引擎进行术语定义的抽取的。

百度 2000 年 1 月创立于北京中关村，是全球最大的中文搜索引擎，也是国内最大的商业化全文搜索引擎。"百度"一词出自辛弃疾的诗句"众里寻她千百度"，象征着对中文信息检索技术的执着追求。根据最新的统计数据，百度每天处理的搜索查询量已经超过了 50 亿次，其中绝大多数查询来自中国，而根据此前的报告，Google 每个月查询量为 1000 亿次，相当于每天的查询量为 33.3 亿次，远远低于百度的日均搜索量。百度拥有目前世界上最大的中文信息库，总量达 6000 万页，且每天保持着几十万页的增长速度。百度搜索提供的服务包括新闻、视频、图片、贴吧、音乐、地图、知道、百科、文库等几大类。百度搜索由蜘蛛程序、监控程序、索引数据库、检索程序四个部分组成。

我们的研究对象为汉语形式的术语定义及字母词术语的定义，因此系统选用百度作为实验的搜索引擎。搜索引擎返回的结果是包含所有查询请求的网页，同时使用网页排名技术将与用户查询关系最密切、相关度最高的网页排在前面。

用户输入一个查询项提交至百度搜索引擎，自动下载所需数目的网页，具体步骤如下所示：

Step 1：accept inquiry（接受查询）。

Step 2：encode inquiry GBK into Unicode（把 GBK 的查询输入编码成 Unicode）。

Step 3：create HTTP instance（创建 HTTP 实例）。

Step 4：call Baidu API through HTTP OBJ（通过 HTTP 调用百度的 API 进行查询）。

Step 5：retrieve result links from Baidu website（从百度网站抽取结果链接）。

Step 6：for each link in result set（对结果集里的每一个超链接进行循环）。

Step 6.1：create a LWP object for that link（对超链接创建 Perl 程序的互联网库 LWP 对象）。

Step 6.2：download the web page through LWP（通过 LWP 对象下载对应的网页）。

Step 6.3 save the LWP content as local file（将返回的 LWP 内容保存成本地文件）。

在获取了检索项的文本集后，系统对返回文本进行预处理。

## 二  文本的预处理

首先系统对获取到的网络语料进行格式转化。网页内容基于 html 格式，包含有大量的标记及格式信息，不利于文本内容的抽取；而且由于很多网页本身对 html 的使用不规范，造成文本信息的抽取更为困难。网页解析是研究获得原始语料的一种方式，是信息抽取工作的基础环节。一般来说，只有专业的浏览器才能对页面内容做到完整的解析。为了简化处理难度，我们使用简单的 perl 程序将 html 格式的文本转化为 txt 格式的纯文本。

```
while（< >）    （读入一行）
chomp；        （去除回车换行）
s/ <. * ? >//g；（匹配所有尖括号包含起来的东西，然后替换
成空）
```

在进行文本的格式转化中，需要滤掉网络上的导航、广告、logo、版权等垃圾信息，以及与图形、脚本及链接文本有关的标记（如 < script >、< a >等）。这些噪声信息对信息抽取的速度与准确度都有着较大的影响。

### 三　文本的分词

中文分词（Chinese Word Segmentation）的目的是将汉字序列切分成一个一个的词。分词是将连续的字序列按照一定的规范重新组合成词序列的过程。我们知道，词是最小的、能够独立运用的、有意义的语言成分。汉语是以字为基本书写单位的，一个书面的汉语句子是一个连续的前后相续的字符串。中文只有字、句子、段落之间有明显的分界符来划分，词语之间除了标点符号以外，没有空格，缺乏明显的区分标志。只有经过自动分词以后，词与词之间的界限才会显现出来，词边界划分问题始终是一项基础性的工作。

中文的自动句法分析和语义分析，都是以词为基本单元进行处理的。只有在分词的基础上才能进行后续的句法和语义的处理。机器翻译、自动文摘、语音合成、自动校对等应用研究都需要自动分词技术，所以汉语自动分词是中文信息处理研究工作的前提。

常用的分词算法有基于字符串匹配的方法、基于理解的分词方法、基于统计的方法。本研究使用的是中国科学院计算技术研究所研发的汉语词法分析系统 ICTCLAS（Institute of Computing Technology，Chinese Lexical A-nalysis System）来进行分词和词性标注。ICTCLAS 是一种基于层叠隐马尔科夫模型的词典分词方法，使用一套完成的理论框架进行汉语的词法分析。主要功能包括中文分词、切分排歧、词性标注、命名实体识别、新词

识别、同时支持用户词典。该系统先后升级 6 次，目前已经升级到 ICT-CLAS3.0 版本，分词速度为 500KB/s，分词精度高达 98.45%，是当前世界上最好的汉语词法分析器。

## 四　候选术语定义的模板匹配

我们将经过预处理与分词后的文本以句子为单位，进行术语定义模板的匹配过程。

本研究选用中国标准化研究院的术语数据库语料。该数据库涉及城镇建设、地质矿产、电力、计算机、纺织、文化、核工业、政治、化工、机械、建材、林业、煤炭、民用航空、农业、工业、物理、经济、商贸、水利、自然、数学、铁路运输、信息、卫生、医药、冶金共 27 个领域包含 328158 条术语的定义，语料的大小为 93.3MB。

该术语数据库包括定义〈DEF〉、示例〈EXP〉、图表〈FIG〉、国家标准〈GBN〉、国际标准〈ISO〉等属性。在语料的预处理过程中，我们剔除所有标记符号，使语料只保留下〈DEF〉这一项，也就是只保留包含术语定义的纯文本。

（一）术语定义匹配模板

基于大规模的术语数据库，通过考察各类术语定义的语言形式，我们构建了如下的术语定义匹配模板（Matching Pattern）。模板使用正则表达式（Regular Expression）表示。正则表达式是对字符串操作的一种逻辑公式，用事先定义好的一些特殊字符、特定字符的组合组成规则字符串，表达对字符串的一种过滤逻辑。正则表达式具有高度的逻辑性、功能性与灵活性，通过表达式匹配可获取字符串中所需要的部分。

模板规则为：两个句子结束符（句号、分号、叹号、问号）之间的字符串，或段首与句子结束符之间的字符串，若有一个子串同以下某个模板相匹配，那么整个字符串便是我们抽取的候选术语定义。匹配模板中圆括号或方括号中用竖杠分开的是可选项，圆括号表示可选项中必须出现一项，方括号表示可以一项也不出现。星号表示任意字符串，可以是空串。汉字和其他符号是应匹配的字符。Term 表示术语，其他英文字符串是模板名称。模板中的星号、圆括号、方括号前面若有反斜杠（\），则该星号、圆括号、方括号是模板应匹配的字符。

1. 所谓 Term notes （是 | 即）

notes :: = , * , | (. * )

例如：

　　所谓蓝牙技术是一种用于替代便携或固定电子设备上使用的电缆或连线的短距离无线连接技术。

　　所谓智能卡（SmartCard），也叫 IC 卡，是一个带有微处理器和存储器等微型集成电路芯片的、具有标准规格的卡片。

　　所谓纳米技术（Nanotechnology）是一种在相当于原子或分子大小的纳米级上控制物质的结构、形状、外表、界面等的技术。


2. CalledAs Term，［它］（是｜即）

　　CalledAs：= 称｜称作｜称为｜称之为｜叫｜叫作｜定义为｜被定义为｜即｜是｜就是

　　例如：

　　禽流行性感冒又称为禽流感，它是一种由甲型流感病毒的一种亚型（也称禽流感病毒）引起的传染性疾病。

　　非对称数字用户线（adsl），又叫作非对称数字用户环路，是一种新的数据传输方式，其上行与下行带宽不对称，上行速率低，下行速率高。

　　Modem 又称作调制解调器，即计算机与电话线之间进行信号转换的装置，由调制器和解调器两部分组成，调制器是把计算机的数字信号（如文件等）调制成可在电话线上传输的声音信号的装置，在接收端解调器再把声音信号转换成计算机能接收的数字信号。


3. Term［Abbr］（是｜即）

　　Abbr：= 的（LangN［缩写｜首字母］｜概念｜意思｜意义｜定义）｜notes

　　LangN：= 英文｜法文｜拉丁文

　　notes：= ，*，｜（.*）

　　例如：

　　热成像仪是通过非接触探测红外能量，并将其转化为电信号，进而在显示器上生成热图像和温度值，并可以对温度值进行计算的一种检测设备。

机器翻译（Machine Translation）即用电子计算机来进行语言翻译处理的过程，包括文稿接收、翻译、输出等功能。

堰塞湖是由火山岩熔流或由地震活动等原因引起的山崩滑坡等堵截河谷或河床后储水而形成的湖泊。

4. CalledAs Term

CalledAs ：：＝称｜称作｜称为｜称之为｜叫｜叫作｜定义为｜被定义为｜即｜是｜就是

例如：

将人工分离和修饰过的基因导入生物体基因组中，由于导入基因的表达，引起生物体性状的可遗传的修饰，这一技术称为转基因技术。

城市污水或生活污水经处理后达到一定的水质标准，可在一定范围内重复使用的非饮用的杂用水，其水质介于上水与下水水质之间的水叫做中水。

将制造业、批发业、物流业、零售业等之间的信息，通过计算机服务网络来相互交换的信息系统被定义为增值网。

上述的4条匹配规则都属于属概念加种差类别的术语定义。

5. Term notes［主要］（包括｜包含）

notes：＝，＊，｜（.＊）

该匹配模板主要是针对外延定义而设定的。外延定义通过列举出属于被定义概念的全部个体的总和，或者列举出属于同一抽象水平的全部种名来表述。

例如：

生物多样性主要包括地球上生物圈中所有生物，即动物、植物、微生物以及它们所拥有的基因和生存环境。

电子商务（E-Commerce）主要包括利用电子数据交换（E-Data

Interchange)、电子邮件（E-mail）、电子资金转账（E-Fund Transfer）及 Internet 的主要技术在个人间、企业间和国家间进行无纸化的业务信息的交换。

卵磷脂包含不饱和脂肪酸、胆碱、甘油、磷四种组成成分，卵磷脂是构成细胞膜、核模等生物膜的关键成分。

6. Term （．＊）（：｜：：）

通过符号来定义术语，该类术语定义的数量很少，但在某些特殊情况下也会出现。

例如：

克隆：从一个个体中获取一段基因（例如通过 PCR 的方法），然后将其插入另外一个个体（通常是通过载体），再加以研究或利用的技术。

磁悬浮列车：依靠电磁吸力或电动斥力将列车悬浮于空中并进行导向，实现列车与地面轨道间的无机械接触，再利用线性电机驱动列车运行的列车。

黄曲霉素：一类真菌的有毒的代谢产物，具有很强的毒性，能强烈破坏人和动物的肝脏组织，严重时会导致肝癌。

（二）术语定义的排除模板

系统构建如下的术语定义排除模板（Filtering Pattern）。规则中 sentence 表示匹配规则的抽取结果。

1. sentence ：： ＝ ．＊ （？｜！｜…）

该排除规则将感叹句、疑问句、省略句排除出去。从句子类型角度来看，疑问句与感叹句都不应作为术语定义，术语定义只能为陈述句。疑问句不能为一个指定的词语给出一个明确的解释说明。感叹句主要的目的和用途是表示某种强烈的感情与意愿，而非对事物、事件作出客观的描述或解释，也不应作为术语定义的合法句型。省略句用来表示节省原文或语句未完、意思未尽等意义，显然也不能充当术语定义。

例如，下面的句子应被排除在术语定义候选集合之外。

波长比可见光长的电磁波，波长在 1 毫米到 770 纳米之间，在光
谱上位于红色光外侧的就是红外线吗？

超声波原来是如此奇妙！

三码合一是一个手机的象征，是行货手机的重要标准之一，是区
分原装手机与翻新机的重要参考指标……

2. Length（sentence）＜10 or Length（sentence）＞250

Length 代表句子的长度。该排除规则将候选集合中长度小于 10 个字
或者大于 250 个字（包含标点符号）的候选句子排除出去。该规则是基
于术语定义的适度性原则而定的，将定义中包含的信息大于必要的外延概
念及小于必要的外延概念的句子剔除出去。

通过对术语语料库的考察，我们对术语定义的长度做了一个限定。从
语言学的角度上考虑，术语定义本身也必定是一个合法的句子，符合句子
的语言学特征。规则设定候选句子中除去 Term 的词长之外，长度大于 10
个字或小于 250 个字的字符串为合法的术语定义的长度。通常来说长度小
于 10 个字的字符串包含的信息量过小，不可能对术语所表达的概念给出
必要的内涵、外延或上下文定义，无法描述概念所包含的属性的性质、形
式、功能等特征，即不可能给出术语一个完整的概念描述。例如：´

蛋白质是一种重要元素。
海马体是大脑中的物质。

同样长度大于 250 个字的句子，我们认定它提供了大于术语定义的冗
余或重复信息，也违背了术语定义的适度性原则。术语定义抽取的目标就
是从海量互联网信息中抽取出准确、简洁的术语定义，而非与术语相关的
各类信息的罗列。剔除冗余、重复信息是实现高效抽取系统必须做的工作
之一。例如，下文关于"网上银行"的段落包含大量与该术语相关的信
息描述，而非真正的术语定义。

网上银行又称网络银行、在线银行，是指银行利用互联网技术，
通过互联网向客户提供开户、销户、查询、对账、行内转账、跨行转
账、信贷、网上证券、投资理财等传统服务项目，使客户可以足不出

户就能够安全便捷地管理活期和定期存款、支票、信用卡及个人投资等，是互联网上的虚拟银行柜台，网上银行可以减少固定网点数量、降低经营成本，而用户却可以不受空间、时间的限制，能够在任何时间、任何地点、以任何方式为客户提供金融服务，只要一台 PC、一根电话线，无论在家里还是在旅游中都可以与银行相连，享受每周 7 天、每天 24 小时的不间断服务；网上银行的客户端由标准 PC、浏览器组成，便于维护。

抽取出来的句子，由于标点符号书写不规范，或者并列关系太多、层次结构过于复杂，造成句子长度过长，使用者则仍需从内容中人工提取出术语定义或只能从其他文本中再次去查询术语定义，显然这是与我们的抽取工作的目标相违背的，所以系统将该类句子剔除出去。

3. sentence∷ = . * 什么（是∣叫∣称作∣被称作）. *

该模板将包含"什么"一词的句子过滤掉。例如：

> 这里涉及一个问题，到底什么叫作蛋白质。
> 究竟什么叫空腔注蜡，其实这个概念很多车主并未真正理解。

有些句子虽然含有疑问词或疑问结构，但整个句子仍为陈述语气。这类句子在语言形式上虽为陈述句，其实句子里嵌套了疑问句，在内容上并未提供任何术语的实质性描述。

4. sentence∷ = . * 不是 . *

该模板将包含"不是"一词的句子过滤掉。

给术语下定义中的一条标准为，定义项不应包含负词项。定义揭示被定义项的本质属性。否定句式采用负概念表达被定义项所不具有的某种属性，而未能使用正概念表达其具有的属性特征，而一般意义上，属性缺失特征不能作为有效的定义描述。例如：

> 字母词不是普通的字母，也不是普通的词。
> 国际日期变更线并不是180°经线。

5. sentence∷ = . * 是、* 的（, ∣ 。∣ ;）

该模板将候选句子中包含"是"并且以"的"字结尾的句子排除出

去。例如：

　　　　待机时间是根据实验数据估测的。
　　　　杀毒软件是电脑用户必备的。

　　朱德熙《语法讲义》中讲到以"的"字结尾的判断句中，"是"与"的"之间的成分是主语的属性描述。"的"字结构的判断句充当句子的宾语。上述两个句子中，"根据实验数据估测"和"电脑用户必备"分别是主语的某个属性，但不是概念的本质属性。这样的判断句不应作为术语定义。再如：

　　　　蒸汽机是一个能够将蒸汽中的热能转换为功能的热机。

　　这是"蒸汽机"规范化的标准定义。如果将"的"字后面的"热机"去掉，句子变为"蒸汽机是一个能够将蒸汽中的热能转换为功能的"。我们知道"属概念＋种差"是术语定义最常见的构成形式。在上边的句子中，"蒸汽机"的属概念"热机"缺失，句子中只包含关于"蒸汽机"的种差信息，而没有该术语的属概念信息，而属概念是术语所表达的概念在概念的层级网络系统中定位的重要信息。该类句子类型显然不适合充当术语定义。

　　通过上述各项术语定义排除模板的匹配，系统就可以将一些句子从候选定义集合中排除出去。

（三）规则匹配的实验示例

我们以"智能卡"为例，经过规则匹配后的部分结果如下：

　　　　智能卡必须遵循一套标准，ISO7816 是其中最重要的一个。
　　　　智能卡被认为是目前安全存放数字证书及密钥的方式之一。
　　　　智能卡：也叫 CPU 卡或微处理器卡，卡内的集成电路包括中央处理器 CPU、电擦除可编程只读存储器 EEPROM、随机存储器 RAM 以及固化芯片操作系统 COS。
　　　　智能卡是典型的规模型高科技产业，每年没有数千上万张的销量，开发它得不偿失。

智能卡于 1984 年首次大规模成功应用于法国的公共电话系统，现时已在香港广泛应用，应用范围主要是在交通及电信的收费系统方面。

智能卡其实是一张塑胶卡片，体积犹如一张普通的信用卡，内藏一块微处理器芯片。

智能卡方便携带，在使用电子网络时，更能为机密的资料提供保护，是储存医疗记录、个人通信资料及紧急医疗资料的理想工具。

智能卡还包含一些集成的内存，允许经营者向智能卡下载应用和数据。

智能卡本身就是一个数字电路。

智能卡（SmartCard），也叫 IC 卡，它是一个带有微处理器和存储器等微型集成电路芯片的、具有标准规格的卡片。

智能卡是指将集成电路芯片固封在塑料基片中的卡片，是一种功能多样、用途广泛的电子卡片。

智能卡带有微处理器（CPU），同时也称作 CPU 卡。

经过人工判断、甄别上述各条定义候选项，我们发现有的句子可以作为术语定义，有的只是对术语相关信息的描述，不能充当真正的术语定义，然而这些抽取出来的句子，在句子结构上都符合模板匹配的规则。如何将符合定义匹配规则模板的候选集合进行分类，抽取出真正的术语定义则是后续工作的目标。

（四）术语定义匹配模板的总体特点

术语定义抽取是一个逐步求精的系统，为了保证定义抽取的召回率，制定的规则匹配模板宜粗不宜细。虽然术语定义抽取过程基于互联网海量信息，但系统的召回率并不是一个无须考虑的问题。尤其是针对知晓度、流通度并不高，产生时间较短的新术语，网络搜索引擎返回的定义候选项也是相对有限的；另外如果术语较新，文本在各大网站被转载的情况较多，大量返回文档之间的重复现象严重，真正原创的术语定义在数量上并不多。在这种情况下，如果匹配模板制定得过于死板，该类术语的召回结果将会受到很大的影响。

在前边的章节，我们阐述过术语定义的内容在保证准确性与完备性的前提下，在句式上多种语言表达形式可并存。在模板匹配这一步骤中，由于汉语语言表达形式的多样性和无法预测性，以及网络文本的偶然性与随意性，有一些术语定义由于在语言形式上不符合上述的匹配规则而被无情地过滤掉，这也是粗匹配的一个无法克服的缺点，但是从数量上来说，这类句子微乎其微。因为从一般意义上来讲，真正权威的术语定义的制定都是经过领域专家与术语专家认真对比、筛选后创立的，通常会满足给术语下定义的各项准则，定义的书写规则比较规范、工整，语言形式相对比较固定，所以上述的定义规则模板基本能涵盖所有可能的术语定义。

# 第二节　基于统计方法的术语定义抽取

经过术语定义的模板匹配之后，我们将抽取出来的术语定义作为候选句子集，采用后续统计的计算方法进一步加以抽取来提高识别的准确度。

从规则模板硬匹配后的抽取结果中，我们可以看出大量模板匹配后的句子，虽然在句子的语言形式方面符合制定的定义匹配模板，但在内容上并不是我们真正想要获取的术语定义，也就是说，它们并不是真正的对术语所表达概念特征的语言描述。例如：

> 纳米技术，一项世纪之交出现的高科技，对普通百姓来说其实只是一个真实的谎言。
> 磁悬浮列车，在现代生活中，是一种极其便捷与安全的交通工具。
> 所谓陡坡缓降技术就是汽车制造商为了提高销售量编造的一个噱头。

虽然上述句子在语言形式和结构上完全与规则模板相匹配，但很明显这三个句子都不是我们最终需要抽取到的内容，这就需要我们在统计方法的抽取步骤中将它们过滤出去。从语言信息处理的层面，如何使该问题在机器处理过程中具有可操作性，即如何使计算机从结构形式相同的句子中区分出哪些是普通句子，哪些是术语定义，就需要利用统计的计算方法。我们的术语定义抽取系统包括候选句子的术语隶属度计算与向量空间模型的计算，以及两种算法的合一。

## 一　词语的定义隶属度

### （一）术语定义用词与普通文本用词的区别

通过对术语数据库语料的考察，我们发现术语定义用词有一定的选词特征。我们使用 7 年（1993 年、1994 年、1996 年、1997 年、1998 年、1999 年、2000 年）的 314MB 的《人民日报》语料和上文提到的术语数据库进行用词特征对比，这两种语料分别代表普通文本语料与术语定义语料，进行两类文本用词特征方面的考察。

### （二）词语的定义隶属度

术语定义中使用的词语与普通词语究竟有哪些不同？冯志伟在《现代术语学引论》中指出："为了揭示术语所指称概念的内涵与外延，定义中必须使用科学的词语，以避免对被定义概念作出错误的理解，不能使用含混不清的概念，也不能使用比喻。"

可见术语定义中的词汇类型与普通文本的词汇类型还是有所区别的，然而上述对术语定义用词的描述中，究竟什么是"科学"与"含混不清"很难界定，这些定义用词的规范标准，如何从语言信息处理的角度具有可操作性，是问题的重点。基于此，我们引入了"词语的定义隶属度"这一概念，将词语的属性类型中添加了定义隶属度项。

所谓隶属度（Degree of Membership）是指一个元素归属于某一模糊集的大小程度。

词语的术语定义隶属度（Word Definition Membership）是指一个词语能够作为术语定义的度量。每个汉语词汇能够充当定义用词的程度是不同的，即每个词语可能出现在术语定义中的概率不同。隶属度大的词语出现在术语定义中的概率值大，隶属度小的词语出现在术语定义中的概率值小。术语的定义隶属度这一概念描述了词语可以充当术语定义成分的属性。该属性可将术语与普通词语根据隶属度值的大小区分开来。

我们从对术语数据库的考察中可以看出，有些词语倾向于出现在术语定义中（例如系统、原理、理论、概念、技术、方式、设备、仪器、核心、本质等），而有些词语很少甚至从来不出现在术语定义里（见表 2－1）。

**表 2 - 1** **部分未出现在术语数据库中的词语**

| 术语数据库中的词语 | | | | |
|---|---|---|---|---|
| 不求上进 | 家园 | 老头儿 | 献词 | 早上 |
| 参天大树 | 后年 | 惋惜 | 走后门 | 贼船 |
| 革命者 | 恋爱 | 悠闲自在 | 站住脚 | 花好月圆 |
| 虚度光阴 | 热爱 | 游人 | 找借口 | 照妖镜 |
| 森严 | 提防 | 下饭 | 绝食 | 谄媚 |
| 开朗 | 住手 | 窝火 | 厌倦 | 丢三落四 |
| 人间天堂 | 羡慕 | 折磨 | 珍重 | 常言 |
| 废物利用 | 阿姨 | 不由得 | 姑且 | 战火纷飞 |
| 抛头露面 | 喜笑颜开 | 大牢 | 多多少少 | 目空一切 |
| 白头到老 | 心如刀割 | 闺蜜 | 深谋远虑 | 美女 |
| 坐井观天 | 满目凄凉 | 无可救药 | 五脏六腑 | 土豪 |
| 意味深长 | 呕心沥血 | 小心谨慎 | 千呼万唤 | 黯然失色 |
| 告别 | 晚饭 | 呆子 | 十八般武艺 | 精灵 |
| 苦尽甘来 | 回肠荡气 | 雄伟壮丽 | 金嗓子 | 扣人心弦 |
| 力不从心 | 大雨倾盆 | 小东西 | 手无寸铁 | 妖魔鬼怪 |
| 妙语如珠 | 怨声载道 | 惊慌不安 | 人来人往 | 小伙子 |
| 无耻之尤 | 七上八下 | 腐败分子 | 烟鬼 | 须臾 |
| 半辈子 | 大人物 | 活见鬼 | 荣华富贵 | 莽汉 |
| 心口如一 | 草木皆兵 | 花红柳绿 | 担惊受怕 | 不一而足 |
| 一干二净 | 望子成龙 | 打交道 | 死心眼儿 | 没关系 |
| 墨迹 | 豆蔻年华 | 灯火辉煌 | 纨绔子弟 | 游刃有余 |
| 夜幕降临 | 无以复加 | 木已成舟 | 头疼脑热 | 姐们儿 |
| 风花雪月 | 夜里 | 官老爷 | 遛弯儿 | 老废物 |

定义隶属度刻画了词语充当定义成分的属性特征。从表 2 - 1 中可以看出,从未出现在术语定义库中的词语中大多数是成语、惯用语、俚语、口头语、固定搭配和描述感情、人物状态、心理感受之类的形容词、时间词、程度副词。一般来说,在一条规范的术语定义中不应采用上述词语去解释一个被定义项。

我们以一些词语为例,分别考察它们在《人民日报》语料库中出现的词频与在术语数据库中的词频,并做一对比见表 2 - 2(表中的数字为计算出的频率的 100 万倍)。

**表 2 - 2          词语在术语数据库中与《人民日报》中的频率示例**

| 词语 | 在《人民日报》语料库中的词频（314MB） | 在术语数据库中的词频（93.3MB） |
|---|---|---|
| 转向装置 | 0 | 0.4 |
| 信号 | 20.6625 | 2282 |
| 字段 | 3.3 | 0.4 |
| 装置 | 30.7625 | 2709 |
| 试验结果 | 0.8375 | 22 |
| 简称 | 14.6625 | 181.8 |
| 原理 | 22.7625 | 186.2 |
| 一种 | 440.25 | 2811 |
| 采用 | 130.625 | 680.8 |
| 俗称 | 3.4875 | 12.8 |
| 技术 | 928.8125 | 649.6 |
| 特殊 | 118.1625 | 27.6 |
| 第一次 | 119.3 | 0 |
| 勇敢 | 17.325 | 0 |
| 百姓 | 43.7375 | 0 |
| 全心全意 | 43.5 | 0 |
| 遗憾 | 33.3875 | 0 |
| 中国 | 4160.7125 | 96.8 |
| 快乐 | 14.05 | 0.4 |
| 联合国 | 375.4 | 4.4 |
| 今天 | 1009.275 | 0.2 |
| 我们 | 222.425 | 1.4 |

在此观察的基础上，我们引入词语的定义隶属度这一概念（简写为 $W\_def$）。一个词语的 $W\_def$ 值越高，那么它出现在术语定义句中的可能性越大。

$$W\_def = \frac{a}{a+b} \qquad (2-1)$$

式中，$W\_def$ 为词语的定义隶属度；

　　　 $a$ 为该词出现在专业术语语料库中的频率；

$b$ 为该词出现在其他通用语料库中的频率。

我们采用含有术语及术语定义的数据库作为训练语料，同时使用 7 年的《人民日报》语料作为其他语料，从两种语料中分别统计出词语的词频，通过上述公式计算得到每个词的定义隶属度（见表 2 - 3）。

表 2 - 3　　　　　部分定义隶属度高与定义隶属度低的词语示例

| 词语 | 词语的定义隶属度 | 词语 | 词语的定义隶属度 |
|---|---|---|---|
| 入射 | 0.998166819431714 | 市场 | 0.000472400886660 |
| 电平 | 0.997214484679666 | 五月 | 0.000384467512495 |
| 电位器 | 0.994791666666667 | 财富 | 0.000353982300884 |
| 吸收剂 | 0.994778067885117 | 纪律 | 0.000339040515341 |
| 节距 | 0.992957746478873 | 经济建设 | 0.000329489291598 |
| 声束 | 0.991935483870968 | 指导思想 | 0.000313087038196 |
| 真值 | 0.990636704119851 | 人生 | 0.000284656988329 |
| 密度计 | 0.98780487804878 | 道德 | 0.000280308339173 |
| 信号发生器 | 0.985981308411215 | 艰难 | 0.000259067357513 |
| 耦合 | 0.985294117647059 | 友谊 | 0.000209073803052 |
| 表面张力 | 0.984848484848485 | 愿意 | 0.000195694716242 |
| 谐振器 | 0.984615384615385 | 科技 | 0.000192221439097 |
| 电介质 | 0.983783783783784 | 山东省 | 0.000170648464163 |
| 光电效应 | 0.983606557377049 | 香港 | 0.000141376060320 |
| 离子对 | 0.982142857142857 | 青少年 | 0.000120729204394 |
| 光谱辐射 | 0.976190476190476 | 乡镇 | 8.95575855274e-05 |
| 工作电压 | 0.973684210526316 | 领导人 | 8.81523272214e-05 |
| 多项式 | 0.967741935483871 | 女强人 | 0.000000000000000 |
| 横剖面 | 0.966292134831461 | 毕恭毕敬 | 0.000000000000000 |
| 光辐射 | 0.961538461538462 | 有眼不识泰山 | 0.000000000000000 |

通过词语的定义隶属度计算，我们发现命名实体中的地名（如纽约、华尔街）可以出现在术语定义中，但是出现的频率很低，它们往往出现在一些背景知识描述的句子中。例如，涉及经济方面的术语，就可能在定义或定义性描述中提到"纽约"和"华尔街"。

术语与术语定义在修辞上通常不应是感情色彩丰富、表现力过强的语言形式。人称名词如"大学生"、"老年人"也会出现在术语定义中。例如，"老年人"可能出现在一些医学、药学术语定义中，但它的近义词"老头儿"却从未出现在术语定义中。从这一点上也反映出给术语下定义的一条规范："必须使用确切、清晰、中性的书面语言，而不是口头语，或带有感情色彩，特别是带有贬义色彩的词汇。"

## 二 句子的定义隶属度

术语定义在语言结构上，首先是一个句子，而句子是由词语构成的，因此在词语的定义隶属度基础上，我们引入了句子的定义隶属度这一概念。候选句子的定义隶属度的计算是建立在构成句子的每个词语的定义隶属度之上的。算法基于这样的假设：如果一个句子中的每个词的定义隶属度 $W\_def$ 值高，那么该句能够作为术语定义的概率就大，即该句的句子定义隶属度高。

我们分别使用以下两种指标进行候选句子的术语隶属度的计算：

算法一：

$$S\_def = \sqrt{\sum_{i=1}^{n} W\_def^2} \qquad (2-2)$$

算法二：

$$S\_def = \frac{\sum_{i=1}^{n} W\_def_i}{N} \qquad (2-3)$$

## 三 句子的定义隶属度实验结果

由于术语定义可以侧重术语的任何一个方面进行阐述，所以定义的正确项不只是唯一的，有可能多个答案都是正确的。

例如，我们可以从网络中获取到的关于"生物多样性"这一术语的定义就包括以下几种：

1. 生物多样性是指地球生物圈中所有的生物，以及这些生物所有的基因和生态系统的总和。

2. 生物多样性指的是地球上生物圈中所有的生物，即动物、植物、微生物，以及它们所拥有的基因和生存环境。

3. 生物多样性包括物种多样性、遗传多样性和生态系统多样性。

4. 生物多样性定义为所有来源的活的生物体中的变异性，包括陆地、海洋和其他水生生态系统及其所构成的生态综合体，包括物种内、物种之间和生态系统的多样性。

5. 生物多样性（biodiversity）的概念尚无严格、统一的定义，一般地说，它是生物及其环境形成的生态复合体以及与此相关的各种生态过程的总和。

6. 生物多样性是指在一定时间和一定地区，所有动物、植物、微生物物种及其遗传变异和生态系统的复杂性的总称。

7. 生物多样性是指一定范围内多种多样活的有机体，包括动物、植物、微生物有规律地结合所构成稳定的生态综合体。

实验通过邀请五名生物学专业的学生分别给上述定义打分进行评价，得分结果表明，上述几种定义方式并无明显的优劣之分，都可作为有效的定义模式。

为了更科学地进行评判，系统采用如下的评价标准：实验对象为 100 个测试术语，计算句子的术语定义隶属度并按隶属度从高到低倒序排列，再从每个术语定义中抽取出排名前三位的句子进行人工判别。如果第一个句子是正确、合理的术语定义，就得 1 分，如果第二个句子是正确、合理的术语定义，得 1/2 分，如果第三个是正确、合理的术语定义，得 1/3 分，依此类推，如果没有一个句子是有效的术语定义，就得 0 分。将每个术语所得的分加起来就可得到系统的总分，再除以术语的总数，得到最后分值 Score（见表 2 - 4）。Score 值越高，说明系统的准确率越高。公式如下：

$$Score = \sum_{i}^{N} \frac{1}{rank_i} \qquad (2-4)$$

其中，$N$ 是句子总数，$rank_i$ 为出现有效术语定义的句子序号。

表 2 - 4　　　　　　　　　　句子定义隶属度二种算法对比

| 算法 | Score |
| --- | --- |
| 算法一 | 0.76 |
| 算法二 | 0.72 |

从表 2 - 4 中可以看出，算法一在准确率上高于算法二，故系统采用算法一。

我们将候选术语所在的句子的定义隶属度作为候选术语的一个指标，同时针对该指标设定一个阈值，这样系统可以过滤掉能够匹配上定义规则模板，但实际上只是普通的陈述句而非术语定义的那些句子。例如：

> 苏丹红就是这样一下子被大家了解的。
>
> 水平对置是汽车制造商们的独门绝技，也是一个宣传亮点。

很显然，这样的句子从内容上而言，并不是真正的带定义性描述的句子。实际上，"苏丹红"在上下文中不是充当被定义项，而只是使用性地出现在讨论近年来食品安全问题的文章中。"水平对置"也是作为使用性地出现在一篇介绍中国汽车业不同品牌制造商之间竞争的文章中。文章对上述术语的描述不是作为概念的介绍与讲解，而仅仅是围绕文本主题展开阐述时提到的一个概念而已。这些句子中除了被定义项以外，其余大多数词语的定义隶属度较低，从而降低了整句的定义隶属度的分值，系统将这样的词语集合排除在候选项集合之外。

经过实验我们设定定义隶属度阈值为 0.52，将阈值高于 0.52 的句子作为后续处理的输入。

# 第三节　向量空间距离计算

## 一　向量空间模型介绍

向量空间模型（Vector Space Model，VSM）是 20 世纪 60 年代末由 G. Salton 等人提出的，被广泛应用于 Ad-hoc 类信息检索的模型。向量空间模型是建立在规范的数学模型基础之上的，概念简单、操作方便，将文本的处理转化为向量空间中的向量运算，利用空间相似性来逼近语义相似性，是一种简便、高效的文本表示模型。近年来在信息检索、信息过滤、文本分类、索引等领域中常被引用，成为应用最为广泛的一种方法，其中最为著名的应用该模型的检索系统是 Smart 系统。

向量空间模型用特征项和相应权值代表文档信息，一篇文档的中心内容通过其中的特征项体现出来。在进行信息检索时，文档与查询都用高维空间表示。高维空间中的每一维表示文档中的一个特征项，特征项的颗粒度可以自由选择，可以是一个词，也可以是短语或其他的词汇单位。当文档向量与查询向量的距离最近时，文档向量与查询向量之间被认定为最相关。两个向量之间的距离通常用向量之间的夹角余弦来表示。

向量空间模型 VSM 的基本概念如下：

1. 文档（Document）：泛指一般的文本或文本的一个片断，一般指一篇文章。

2. 特征项（Term）：当文档的内容被简单地看成它含有的基本语言单位（字、词、词组或短语等）所组成的集合时，这些基本的语言单位统称为特征项，即文档可以用特征项集（Term List）表示为 $D(t_1, t_2, \cdots, t_i, \cdots, t_n)$，其中 $t_i$ 是第 $i$ 个特征项，$1 \le i \le n$。特征项能够表示文本内容，可以将目标文本与其他文本区分开来。目前大多数中文文本分析系统都采用词作为特征项。特征项代表文本信息，作为文档的表示形式，用来计算文档之间的相似度。

3. 特征项的权值（Term Weight）：对于含有 $n$ 个项的文档 $D(t_1, t_2, \cdots, t_i, \cdots, t_n)$，特征项 $t_i$ 常常被赋予一定的权值 $w_i$，用来表示它们在文档中的重要程度，即 $D = \{(t_1, w_1), (t_2, w_2), \cdots, (t_i, w_i), \cdots, (t_n, w_n)\}$，为描述方便，将文档简记为 $D = (w_1, w_2, \cdots, w_i, \cdots, w_n)$。同理，用户的信息查询需求也可以用向量形式表示出来，如 $Q = (q_1, q_2, \cdots, q_i, \cdots, q_n)$，$q_i$ 是用户查询请求中第 $i$ 个特征项的权值，$1 \le i \le n$。

4. VSM：向量空间模型的方法通过文档的建模，构造一个词频矩阵，行表示文档向量 $D$，列表示特征项 $Term$。将每一个文档作为空间中的一个向量，向量值反映特征项 $Term$ 与文档 $D$ 的关联度。

给定一个文档 $D = \{(t_1, w_1), (t_2, w_2), \cdots, (t_i, w_i), \cdots, (t_n, w_n)\}$，由于 $t_i$ 在文档中既可以重复出现又有先后次序的关系，但处理的过程较为复杂，为简化分析，不考虑 $t_i$ 在文档中的先后顺序并要求 $t_i$ 互异，可把 $t_1, t_2, \cdots, t_n$ 看成一个 $n$ 维的坐标系，$w_1, w_2, \cdots, w_n$ 为相应的坐标值，则 $D\{w_1, w_2, \cdots, w_i, \cdots, w_n\}$ 可以看成 $n$ 维空间（特征项文档空间，即 $TD$ 空间）中的一个向量，$(w_1, w_2, \cdots, w_i, \cdots, w_n)$ 为文档 $D$ 的向量表示。

5. 相似度（Similarity）：用来度量文档之间或用户的信息查询需求之间的内容相关程度。文档与查询向量之间的相似度使用以下公式来计算：

$$sim(D, Q) = \sum_{k=1}^{n} w_k \cdot q_k \qquad (2-5)$$

通过引入信息检索中的向量空间模型计算高频词向量与候选句子向量之间的相似度。向量空间模型用特征项及其相应权值代表文档信息，由此文档的计算就转化为向量的计算。检索过程就是计算文档向量与查询向量之间的相似度，根据相似度值的大小，对检索结果进行排序。

## 二 向量空间模型的引用

系统使用向量空间模型，将文本内容表示为计算机可以分析处理的形式。给定候选术语定义句子 $Sent_1$，$Sent_2$，$Sent_3$，…，$Sent_n$，我们将它们视为一个一个的小文本：$doc_1$，$doc_2$，$doc_3$，...，$doc_n$。

首先构建停用词表，对文本进行停用词过滤。停用词（Stop Words）是指在信息检索中，为节省存储空间、提供搜索效率，在处理语言信息之前或之后自动过滤掉的字或词。统计表明有一些疑问词、语气词、助词等虚词出现频率高，但在各种文档中的区分性非常低，所以将那些对意义表达贡献度很小的词语（如"的"、"地"、"得"、"了"等）过滤掉，可以提高计算的准确度，也减少了计算的复杂度。

我们知道，词是最小的能够独立运用的语言单位，因此我们将特征项的颗粒度选择为以词为单位。经过停用词过滤，文本中的每一个词都可作为特征项。将候选术语定义句子视为一个集合，统计集合中每个词的词频，并从中做高频词抽取。系统抽取出整个文本中频率最高的 15 个词语，抽取出来的高频词构成一个高频词向量，我们以 $HiFre\_word$ 来表示。

$$HiFre\_word = \{word_i \mid word_i \in doc_1 \cap doc_2 \cap doc_3 \cdots doc_n,$$
$$freq(word_i) > freq(word_{i+1}), \quad 1 \leq i \leq 15\}$$

这个向量相当于信息检索中的查询向量，同时将每个候选句子作为一个小文本，相当于一个文本向量。

$$doc_1 = \{word_i \mid 1 \leq i \leq n_1\}$$
$$doc_2 = \{word_i \mid 1 \leq i \leq n_2\}$$
$$doc_3 = \{word_i \mid 1 \leq i \leq n_3\}$$
…
$$doc_m = \{word_i \mid 1 \leq i \leq n_m\}$$

构造如上所示的向量空间模型，计算高频词 $HiFre\_word$ 向量与文本 $doc$ 向量之间的夹角。

（一）特征项权重

特征项权重的处理是文本分析的重要内容之一。文本分析（Text Analysis）是指把从文本中抽取出来的特征项进行量化来表示文本信息，将文本转化为结构化的计算机可以识别处理的信息，建立数学模型来描述和替代文本，计算机通过对模型的计算来实现对文本的处理。

权重（Weight）是某指标在整体评价中的相对重要程度。特征项权重（Term Weight）用于衡量某个特征项在文本表示中的重要程度或区分能力的强弱。权重的计算方法通常使用特征项的统计信息。频次是最常用的特征项的权重指标，特征项的权重与它在文本中出现的频率成正比。通常认为除去停用词以外，在某一文本中出现频次越高的词越能代表该文本的内容。

（二）向量空间的计算

给定一个文档 $D = \{(t_1,w_1),(t_2,w_2),\cdots,(t_i,w_i),\cdots,(t_n,w_n)\}$，将 $t_1,t_2,\cdots,t_n$ 看成一个 $n$ 维的坐标系，$w_1,w_2,\cdots,w_n$ 为相应的坐标值，也就是它的权重，则 $D\{w_1,w_2,\cdots,w_i,\cdots,w_n\}$ 可以看成 $n$ 维空间中的一个向量。$Q$ 为高频词向量 *HiFre_ word*。两个向量之间的距离有以下的公式：

$$Sim(Q,D) = \cos\theta = \frac{\sum_{k=1}^{n} W_{1k} \times W_{2k}}{\sqrt{(\sum_{k=1}^{n} W_{1k}^2)(\sum_{k=1}^{n} W_{2k}^2)}} \tag{2-6}$$

根据公式，我们可以找出与高频词向量 *HiFre_ word* 最相似的文本 *doc* 向量，作为术语定义的最优选择。

## 三　向量空间模型实验结果示例

我们以"纳米技术"与"人工智能"两个术语为例，经过向量空间的计算，得分前五名与后五名的结果如下。

排名前五位的"纳米技术"的定义：

1. 纳米技术是一种能在原子或分子水平上操纵物质的技术，或者说是在纳米（1 纳米为 10 亿分之一米，比原子稍大）水平上对物质和材料进行研究处理的技术，作为材料技术，纳米技术能够为信息和生物科学技术进一步发展提供基础的材料，所以纳米技术的意义已远远超过了电子信息技术和生物科学技术。

2. 纳米技术是一种能在原子或分子水平上操纵物质的技术，或者说是在纳米水平上对物质和材料进行研究处理的技术，作为材料技术，纳米技术能够为信息和生物科学技术进一步发展提供基础的材料，所以纳米技术的意义已远远超过了电子信息技术和生物科学技术。

3. 纳米技术是 21 世纪的主导技术之一。

4. 所谓纳米技术是指制造尺寸在 100 纳米以下设备的技术。

5. 纳米结构是指尺寸在 100 纳米以下的微小结构，在该水平上对物质和材料进行研究和处理的技术，称为纳米技术。

排名后五位的"纳米技术"的定义：

1. 纳米技术（Nanotechnology）是 21 世纪高新技术的产生和发展的源头，它将给人类创造许许多多的新物质、新材料和新机器，彻底改变人们千百年来形成的生活习惯。

2. 周尚林指出，今后仍将继续推行摩尔法则——半导体上集成的晶体管数量每 1 年半至 2 年翻一番，关键就是纳米技术。

3. 在新旧世纪交替之时，高科技领域里有支异军正在突起，这就是纳米技术。

4. 纳米技术是现在一大热门，在它进住我们校园后，我也深深感受到了它的气息但还不了解，甚至连皮毛都算不上，我想了解它在物理方面实用性强还是在化学方面实用性强。

5. 纳米技术（Nanotechnology）是一个含义极其丰富的术语。

排名前五位的"人工智能"的定义：

1. 人工智能是计算机科学的一个分支，是一门研究机器智能的学科，即用人工的方法和技术，研制智能机器或智能系统来模仿、延伸和扩展人的智能，实现智能行为。

2. 人工智能始终是计算机科学的前沿学科，计算机编程语言和其他计算机软件都因为有了人工智能的进展而得以存在。

3. 人工智能是研究人类智能活动的规律，构造具有一定智能的人工系统。

4. 人工智能是研究使计算机来模拟人的某些思维过程和智能行

为（如学习、推理、思考、规划等）的学科，主要包括计算机实现智能的原理，制造类似于人脑智能的计算机，使计算机能实现更高层次的应用。

5. 人工智能是信息技术领域的重要研究方向。

排名后五位的"人工智能"的定义：

1. 人工智能领域的研究是从 1956 年正式开始的，这一年在达特茅斯大学召开的会议上正式使用了"人工智能"（artificial intelli-gence）这一术语。

2. 人工智能定位：与外界环境相互作用。

3. 人工智能是很"超前"的工具，应用得当可以代替 90% 以上的日常分析工作。

4. 这也是人工智能的希望之所在。

5. 人工智能（AI）是一门极富挑战性的科学，从事这项工作的人必须懂得计算机知识、心理学和哲学。

# 第四节　隶属度计算和向量空间模型的结合

句子的定义隶属度和向量空间模型分别描述了术语定义中用词分布的不同侧面。其基本思想为：候选句子的定义隶属度刻画了候选句子的领域专业属性，将术语定义的候选集与普通句子集区分开来。向量空间模型的计算刻画了候选句子的相关性，将术语定义的候选集与非定义相关的句子集区分开。二者对术语的定义提供不同的支持和贡献，因此我们将两个算法综合起来进行智能匹配：

$$Final = \alpha \times S\_def + \beta \times VSM$$
$$(\alpha + \beta = 1) \tag{2-7}$$

$Final$ 是候选句子的最后得分，根据公式 2-7，将候选术语定义按照得分进行排序，$Final$ 值最高的句子便是最优的术语定义。

当 $\alpha = 0.6$ 时，$\beta = 0.4$ 时（经验值），系统的准确率达到最高（见图

2－1）。

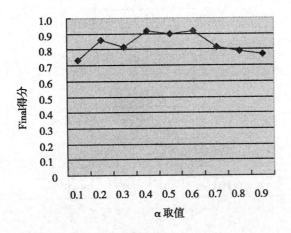

图 2－1　句子定义隶属度算法与 VSM 算法的结合

# 第五节　术语定义抽取系统结构与实验结果

术语定义抽取系统结构如图 2－2 所示。我们以术语"核磁共振"为例，利用百度搜索引擎，按照 HTTP 协议从网络上自动获取返回的文件列表的 60 个网页，将每个文本切分成句子，并进行分词处理。经过粗匹配我们得到 69 条候选术语定义。然后使用智能匹配进一步过滤候选定义。举例如下：

Step 1：计算隶属度并排序（前五位）。

　　1. 在停止射频脉冲后，氢原子核按特定频率发出射电信号，并将吸收的能量释放出来，被体外的接收器收录，经电子计算机处理获得图像，这就叫作核磁共振成像。

　　2. 所谓核磁共振，是指具有磁矩的原子核在恒定磁场中由电磁波引起的共振跃迁现象。

　　3. 所谓核磁共振波谱，实际上是吸收率（纵坐标）对化学位移（横坐标）的关系曲线。

　　4. 核磁共振成像技术的基本原理是将人体置于特殊的磁场中，用无线电射频脉冲激发人体内氢原子核，引起氢原子核共振，并吸收

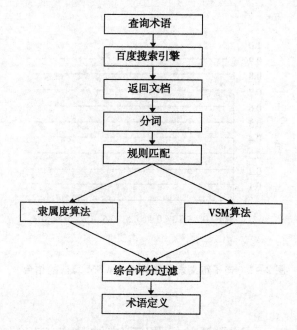

**图 2-2   术语定义抽取系统结构**

能量。

　　5. 这样，空间各点的磁场不同，因而共振频率也有所不同，于是共振频率与样品的空间分布有关，这就是核磁共振成像的最初考虑。

Step 2：向量空间相似度计算结果（前五位）。

　　1. 核磁共振成像是从核磁共振谱进一步发展起来的先进技术。

　　2. 核磁共振量子计算机的机理是通过核磁共振效应来控制量子。

　　3. 所谓核磁共振，是指具有磁矩的原子核在恒定磁场中由电磁波引起的共振跃迁现象。

　　4. 共振吸收和共振发射的过程称为核磁共振。

　　5. 核磁共振技术是目前世界上唯一的直接找水的地球物理新方法。

Step 3：抽取出最优的术语定义。

　　所谓核磁共振，是指具有磁矩的原子核在恒定磁场中由电磁波引起的共振跃迁现象。

　　该定义内容不仅符合专业领域词典给出的术语定义，且语言形式符合给术语下定义的所有规范标准。对普通使用者来说，在术语定义的准确性、适度性、可读性、专业性各方面都取到了一个最佳值。

# 第六节　实验结果评价

　　实验结果采用准确率表示抽取出来的正确的术语定义在抽取出的所有定义中的比例，计算公式如下：

$$P = \frac{抽取出的正确的术语定义数目}{抽取出的术语定义数目} \times 100\% \qquad (2-8)$$

抽取出的正确的定义指最终结果中排名前三位的定义中有正确的术语定义。我们选取 200 个信息、电子、生物、网络、医学等领域的术语进行术语抽取的实验。实验结果抽取出 184 条术语定义条目。其中正确的术语定义的个数为 164 条，准确率为 89.13%。

　　我们对实验的结果进行分析，将抽取错误的原因总结为以下几个因素。

## 一　网络文本结构的多样性因素

　　在术语定义抽取的实验中，程序处理的都是纯文本格式的信息。我们首先将从搜索引擎中获取到的文本进行格式转化。网络上获取到的文本书写规范、文字和表格的编排格式并不一致，缺乏一个统一的标准，且网络文本的书写具有灵活多样性。一些文本在语言形式与句子格式上具有很强的个性表达方式。我们将 HTTP 格式的文件保存为 TXT 格式文本时，经常会碰到断句、标点符号缺失、错别字等错误信息，同时表格的使用格式不规范也对定义抽取的最终结果造成了一定的影响。

### （一）标点符号不规范造成的错误抽取

　　在实验过程中，我们发现有一定数量的句子是由于网络文本中标点符号的不规范，甚至错误使用而造成的抽取错误。

例如有些句子前半句是工整的陈述句，但是到了后半句却转为感叹句，分句之间是用逗号连接。

　　因特网是英文 Internet 的中文译名，也叫国际互联网，它是计算机网络互相链接成的信息传输网络，互联网把人类带到了一个全新的信息时代！

该句前半部分本身的确可以作为有效的术语定义，但由于整个句子以叹号结束，系统判断该句类型为感叹句，经过过滤模板的匹配，该句被过滤掉，整个句子也被视为无价值的返回项。

（二）标点符号的缺失造成的抽取错误

有些信息在 HTML 格式下，不需要任何标点符号也可以被正确地阅读和理解，但是在转化为 TXT 纯文本格式后，标点符号产生了噪声信息，从而造成系统抽取的错误。例如，下面的一段文本：

　　什么是 WWW
　　WWW 是 World Wide Web 的简称，译为"万维网"或"全球网"，是指在互联网上以超文本为基础形成的信息网。

这段网络文本以黑体字为标题，在 HTML 格式下，网页浏览者不存在任何阅读障碍。"什么是 WWW"后面缺少任何标点符号与后面的句子分隔，我们对输入文本进行预处理时将 HTML 格式转化为 TXT 格式的处理过程中，标题便与后面的文本连接在了一起，找不到任何边界信息。

原本的陈述句变为：

　　什么是 WWWWWW 是 World Wide Web 的简称，译为"万维网"或"全球网"，是指在因特网上以超文本为基础形成的信息网。

该句成为一个以疑问词"什么"开头的句子，排除规则模板判断该候选句为陈述句形式的疑问句，自然被模板过滤掉了。

类似的标点符号缺失的例子还包括下面的情况：

群集智能（Swarm Intelligence）

群居昆虫以集体的力量，进行觅食、御敌、筑巢的能力。

文本中标题与后面的内容之间用换行符号分开，在 HTML 格式下阅读者也不存在任何的阅读障碍，可以明显地看出后面的短语是前面的术语的定义性描述，只不过在术语与定义之间少了一个连接动词"是"，阅读者仍然可以从这段文本中获取到有效的定义信息。在文本预处理转化为 TXT 格式后却出现了问题。句子变成：

群集智能（Swarm Intelligence）群居昆虫以集体的力量，进行觅食、御敌、筑巢的能力。

经过文本格式处理过的句中不包含任何匹配模板中的关键字，导致无法被系统抽取出来。

（三）表格文本格式转化中格式信息丢失

实验结果中，我们还发现有相当数量的术语定义是以表格的形式出现的。尤其是介绍某个领域内多个相关术语信息的文本，术语以表格形式出现的概率相对较高。

例如，表格排列信息可能有两种类型：一列是术语列表，另一列是术语定义列表；也可以一行是术语列表，另一行是术语定义列表。网络并没有对表格格式、内容信息的规范标准，所以格式与内容的不统一同样能造成术语定义的错误抽取。例如，在表2－5和表2－6中，同样内容的信息以两种表格格式记录，被抽取出来的结果截然不同。

表2－5　　　　　　　　以表格形式出现的术语及术语定义（1）

| wap | 是在数字移动电话、因特网或其他个人数字助理机（PDA）、计算机应用之间进行通信的开放全球标准 |
| --- | --- |
| 分布式计算 | 所谓分布式计算是一门计算机科学，它研究如何把一个需要非常巨大的计算能力才能解决的问题分成许多小的部分，然后把这些部分分配给许多计算机进行处理，最后把这些计算结果综合起来得到最终的结果 |

表 2 – 6 以表格形式出现的术语及术语定义（2）

| wap | 分步式计算 |
|---|---|
| 是在数字移动电话、因特网或其他个人数字助理机（PDA）、计算机应用之间进行通信的开放全球标准 | 所谓分步式计算是一门计算机科学，它研究如何把一个需要非常巨大的计算能力才能解决的问题分成许多小的部分，然后把这些部分分配给许多计算机进行处理，最后把这些计算结果综合起来得到最终的结果 |

系统将上述表格信息保存成纯文本时，表格的行与列之间只有空格，没有任何标点符号。显然表格里的句子，由于没有句号作为分隔符，造成系统无法给这些词串断句，使得整个表格的内容被连成了一个段落。由于段落的长度受到匹配模板长度的制约，这些词串有可能被过滤模板匹配中的长度规则匹配到，造成系统无法将定义抽取出来。

表格转化成纯文本一般是以行来保存的，所以第二个表格就保存成以下的内容：

wap（空格）分步式计算（空格）是在数字移动电话、因特网或其他个人数字助理机（PDA）、计算机应用之间进行通信的开放全球标准（空格）所谓分布式计算是一门计算机科学，它研究如何把一个需要非常巨大的计算能力才能解决的问题分成许多小的部分，然后把这些部分分配给许多计算机进行处理，最后把这些计算结果综合起来得到最终的结果

文本预处理过程中的格式转化造成术语与定义之间的对应关系完全错误，再加上表格形式下句子没有结束标点，同样无法被正确抽取出来。

## 二 语言表达形式的多样性因素

如前所述，在术语定义抽取系统中，定义规则模板的书写原则试图涵盖所有在术语库中统计到的规则模式，但尽管如此，由于汉语语言表达形式的多样性，尤其网络文本中语言形式的随意与非规范性，基于规则模板的匹配方式仍然难以穷尽所有可能存在的术语定义的语言形式。

本研究中所制定的定义匹配规则与排除规则，相对于单纯采用规则模板来抽取定义的方法来说已经较为宽松。一般来说，该模板形式基本可以覆盖绝大多数的定义模式，但仍不可避免地会有一些表达形式较为特殊的

定义句式被排除在模板之外，以致无法被系统识别出来。

（一）定义匹配模板的因素

系统的信息抽取基于互联网。一方面互联网可以提供动态的海量信息，另一方面对于使用者来说，搜索引擎返回的所有文档中，能够在有效时间内阅读到的文档数目毕竟是有限的。搜索引擎返回排名靠前的文本中包含了一定数量的重复信息和垃圾信息，所以高质量的术语定义候选项的数量在很多情况下并无人们预计得多。尤其是对专业性强、出现时间较短、知晓度较低的新术语来说更是如此。其次可获取到的术语定义候选项中，也可能有一些语言结构形式特殊的定义无法与模板匹配，这种情况是很难克服的。例如：

用稀释前溶液浓度除以稀释后的溶液浓度，就得到稀释倍数。

舆情监控整合信息采集与处理技术，通过对海量信息的自动抓取、分类聚类、主题监测、专题聚焦，了解用户的舆情和新闻专题追踪，完成内容分析，并做出正确的舆论引导。

碎片化的英文为 Fragmentation，原义为完成的东西破成诸多零块儿，可被理解为一种多元化形式。

恩格尔曲线（Engel Curve）表示消费者在某一收入水平对某种商品的需求量，反映出所购买的一种商品的均衡数量与消费者收入水平之间的关系。

"准确度"为在试验或调查中某一试验指标或性状的观测值与其真值的接近程度。

上述各句的确是术语"稀释倍数"、"舆情监控"、"碎片化"、"恩格尔曲线"、"准确度"的定义，但是由于语言结构形式不包含模板关键字，所以无法与定义模板相匹配，以致最终无法被系统识别出来。如果修改原匹配模板将术语定义的特例形式也包含进来以提高召回率，那么势必造成大量不相关的句子被抽取出来，系统的准确率将会大幅降低。

（二）定义排除模板的因素

定义排除模板的目标是将语言形式不符合规则的候选句子过滤掉。与匹配模板的局限性相似，一些特殊的定义形式因为与定义排除模板匹配上，而只能被过滤掉。例如：

　　　　不良贷款是指不是通过正常渠道贷款或有问题的贷款，借款人未能按原定的借款协议按时偿还商业银行的贷款本息。

　　　　非线性（non-linear）即变量之间的数学关系，不是直线而是曲线、曲面或不确定的属性。

　　　　未利用地指不是农用地和建设用地的土地，包括盐碱地、沼泽地、沙地、裸土地等。

　　　　无形资产是企业拥有或者控制的不是实物形态的非货币性资产。

　　　　类星体是一种类似恒星而又并不是恒星的天体，能发出强烈的红外光和紫外光。

　　上述各条术语定义中都包含否定词"不是"，根据匹配模板，该类句子都应该被过滤掉。事实上经过人工阅读、分析，我们判定这些句子的确可以被认定为术语的定义。

　　定义是对被定义项属性的描述。当被定义项的本质特征为某个属性的缺失时，定义项中则必定包含负词项，采用否定形式对概念加以描述，表现为否定定义（Negative Definition）的形式。该现象可能发生在任何一种词汇类型的术语中。如果一个术语包含否定意义的前缀，那么该术语表现为否定定义的形式的概率更高。例如，有的术语含有否定意义的前缀"不"、"非"、"未"、"无"，或含有属性相似意义的前缀"类"，在进行该类术语的抽取时，候选定义集中就很有可能包含大量过滤模板中的否定关键字，造成该类句子被错误地排除在候选项之外，导致定义抽取失败。

### 三　分词的因素

　　分词是语言信息处理最基础、最重要的工作之一。分词的准确率对后续句法、语义等分析都有一定程度的影响。目前我们选用的中国科学院计算技术研究所 ICTCLAS 分词系统有着较高的准确率，在中文信息处理中被广泛使用，被称为全世界最好的中文分词系统，然而即便如此，还是会有一部分的词语不能被正确地切分。需要指出的是，术语包含了大量的科技词汇，研究中涉及的抽取内容一般都在某个专业领域内，术语的领域特征性明显。术语定义查询后的返回文本中包含大量的科技术语等专用词汇，特别是那些专业性强的新术语，如果分词系统没将这些词语收录进来，那么在分词过程中这些词串容易被切碎。

在概念体系中，每个术语都不是孤立存在的，而是作为层级结构中的一个节点，与其他概念节点相互关联，构成网状结构的术语系统。当术语作为被定义项需要被定义描述时，必定在定义中包含与此相关的其他概念项，如上位、下位或近义概念。例如，在一个较新领域出现的新术语，若该术语是未登录词，在它的术语定义中势必会包含较大比重的领域词汇。定义中除了被定义项以外，包含其他未登录词的概率也会相应增大，受分词系统准确率的影响，整个抽取系统的准确率会有所下降。

### 四　网络文本的可靠性因素

我们知道网络文本的来源广泛。有的文本来自各大研究机构的官方网站，有的来自某些研究人员个人搭建的信息平台，还有的来自专业领域的爱好者们私人的博客网站。尤其是近年来，随着自媒体技术的蓬勃发展，网络私人化、平民化、普泛化、自主化的特点越来越突出。自媒体的形式广泛，包括博客、微博、微信、各大网站论坛、新闻评论、各大贴吧等。据不完全统计，截至 2013 年 11 月仅微信公众平台注册量已突破 200 万。可见互联网已经全方位地渗透网民的日常生活中。

自媒体是一种较新的媒体传播方式，其内容通常包含规范性及非规范性的信息。不少专家认为，在自媒体时代，主流媒体的声音已经变得越来越小，人们不再过度依赖于一个统一的声音，每个人都可从独立获取的信息中，基于自身的知识与理解，作出自我判断与解读。自媒体传播方式使信息的产生、积累、共享、传播更高效，更便捷，这是自媒体的最大优势，但其弊端也是显而易见的。自媒体的作者只要在法律允许的前提下，可以随心所欲地根据自己的意图和目标，编辑、发布、转载各种信息，而这些信息缺乏必要的人工审核。

另外，网络文本的点击率与其内容的可信度并非成正比，大量排名靠前、高点击率的文本的科学性其实无法得到保障。一些自媒体问答系统中，如果一个问题的回答被一个阅读者认可之后，受到从众心理的影响，更多的阅读者会倾向于认可该答案，这样有可能造成错误的信息被加速传播。自媒体的真实性与公信力都影响了网络文本的质量。

就术语定义抽取研究而言，很多包含术语解释或术语定义文本的创作者也并非领域专家或者术语学家。有的文章经过若干次的转载在内容上已与原文不尽相同，另外术语定义正确性的判定同样也是个难题。用户通常对从官方网站获取到的文本信息，尤其是专业术语数据库中检索到的术语定义能达成共识，但是从各种类型的网络文本中抽取出来的术语定义，在某些情况下，与专业权威机构发布的信息经常会有很大出入。在内容的完备性、可靠性、准确度、可信度及公众的认可度方面，网络文献是无法与专业权威机构发布的信息相比拟的。

## 五　搜索引擎准确率的因素

本研究中术语定义的抽取是基于百度搜索引擎的技术之上的，很显然搜索引擎的准确率会直接影响到定义抽取系统的准确率。百度搜索使用的是全文检索（Full Text Search）。全文检索搜索引擎是应用最为广泛的一种搜索引擎，是将文本与检索项进行匹配的检索方法。首先索引程序扫描文本中的每个词，并对每个词建立索引，指明该词在文本中出现的位置与词频数。当用户使用关键词进行查询时，检索程序根据索引进行查找，并将查找到的结果返回给用户。在采用全文检索的搜索引擎中，只要是和查询关键词有关的信息都会作为返回项提供给查询用户，这样就造成重点主题常常被湮没在大量非相关信息中，从而使系统的准确率受到相应的影响。

## 六　算法的因素

本研究所采用的句子隶属度算法，是基于计算一个句子中所包含的每个词的定义隶属度之上的。虽然单个词语的隶属度能很好地反映该词在术语定义中出现的可能性，即可度量出词语能够充当术语定义用词的概率，但当汇总到句子定义隶属度的计算时，涉及句子长度的因素，长句中出现定义隶属度高的词汇的概率较大，从而造成这种算法倾向于长文本，使得长文本更容易获得较高的得分从而易被抽取出来。该算法在一定程度上，对短句子来说略失公平。

向量空间模型的计算只是通过单纯的统计方法，计算句子之间的相似度。模型中特征项的独立性假设（Independence Assumption）认为词与词之间是互相独立、互不影响的关系。特征项之间的层级关系、位置关系、语义关系在计算中都没有被考虑进去。这种独立性假设意味着一个词的上下文信息与该词之间是互相独立的，两者之间毫无关联，这显然不符合真实语言现象中词与词之间保持各种错综复杂的关联关系的事实；同时在句子的长度因素方面，向量空间模型的计算结果倾向于短句子，具有短句子优先的特点。

　　本研究后续的工作将会考虑引入更为合理的句子长度的加权方式，从而将文本长度对定义隶属度及向量空间模型计算的影响降到最小。

# 第七节　术语定义形式的多样性

## 一　传统意义上的定义形式

冯志伟在《现代术语学引论》中写到，术语定义的优选结构是：

　　　　定义＝上位概念（最邻近的属概念）＋用于区分所定义的概念同其他并列概念间的区别特征（种差）。

该定义形式在所有术语的定义形式中，使用最为广泛，数量最大。在概念体系中，最高层级的概念因为不可能包含属概念，所以无法采取该定义方式，除此之外，都可采用该定义方式。

冯志伟根据种差的内容，把定义分为六类。

　　　　第一类：实质性定义。定义中的种差部分揭示了被定义事物的本质特点。
　　　　第二类：发生性定义。定义中的种差部分表示被定义事物的发生、来源和形成情况。
　　　　第三类：功能性定义。定义中的种差部分表示被定义事物所起的作用。
　　　　第四类：因果性定义。定义中的种差部分表示被定义事物发生的原因。
　　　　第五类：空间性定义。定义中的种差部分表示被定义事物所在的位置。
　　　　第六类：结构性定义。定义中的种差部分表示被定义事物的成分、结构等。

实际上，抽取系统的定义模板正是在基于上述术语定义的原则而制定的。在考虑系统召回率的前提下，匹配模板倾向于格式规范、严谨的定义的语言形式。

## 二　下定义的要求

下定义是对概念的描述，是解释概念属性的逻辑方法，将概念与所反映对象的本质属性揭示出来，是一种用准确、简洁的语言将事物的本质特征描述出来的过程。

通常给术语下定义需要满足以下几项要求。

1. 定义的准确性

定义应指出被定义概念在概念层级系统中的确切位置，反映出符合本概念的本质特征，使被定义的概念既能继承上位概念的本质特征，并能同其他并列概念有效地区分开来。术语定义应具有定位性与区别性。我们知道，术语是表示概念的称谓，概念反映事物的本质属性，是术语的核心元素。一个概念体系是由一组相关概念构成的，概念体系之间层级明确、结构合理。概念体系以属种关系为框架，并包含了序列关系、整体-部分关系、联想关系等。术语定义的准确性原则明确了被定义概念在整个概念网络中的位置。

2. 定义的适度性

定义要适度指的是定义要紧扣概念的外延，不可过宽或过窄。外延是指一个概念所指客体的范围。定义过宽则提供了大于概念外延的冗余信息，定义过窄则不能完整地涵盖与描述概念的外延。例如：

行车记录仪是记录车辆行驶途中的影像的仪器。

该定义下得过窄，因为行车记录仪也可记录行驶途中的语音信息，上述定义未能包含必要的外延信息。又如：

打印机是计算机硬件系统的终端设备。

该定义下得过宽，因为计算机系统的终端系统还包括显示器、绘图仪、影像输出系统、语音输出系统等设备，该定义涵盖了大于外延的冗余信息。

### 3. 定义的简明性

定义的表达形式须具有简洁性，除指明上位概念外，只需写明该概念的区别特征。定义中应包含与之最邻近的属概念和区别特征，使得被定义概念与同位关系的其他概念区别开来即可，其余辅助描述信息不适合出现在术语定义中。例如：

> 视网膜屏幕是分辨率超过人眼识别极限的高分辨率屏幕。由苹果公司在 2010 年 iPhone 4 发布会上首次推出。

该句中"由苹果公司在 2010 年 iPhone 4 发布会上首次推出"为冗余信息，可以作为对被定义概念的辅助信息出现，但不应出现在规范化、权威性的术语定义中。

### 4. 正确使用否定定义

只有在术语的概念本身具有否定性的情况下，才可使用否定定义。否定定义描述了被定义概念的某个属性的缺失。通常意义下，缺失的属性并不是事物的本质属性。本质属性（Essential Attribute）指的是在事物的各种属性中，能够决定事物的本质，具有事物本质的规定性及具有能够区分该事物与其他事物的区别性。否定形式的定义只适合描述包含否定意义的概念，这时否定概念属于事物的本质属性。下文举例说明正确的否定定义的使用，以及错误的否定定义的使用。

> 非营利机构指不是以获取利润为经营、运作目的，而是以实现社会公益为目的的组织。

该句为正确使用否定定义的句子，因为"非营利机构"概念中包含某个属性的缺失，且该属性是术语的本质属性。

> 光动能手表不是电波表。

该句为错误使用否定定义的句子，因为"光动能手表"本身并不具有否定性的概念，某种属性的缺失不是它的本质属性，不应包含在定义中。

5. 避免使用循环定义

定义项中不能直接或间接包含被定义项。如果一个概念用第二个概念下定义，而第二个概念又引用第一个概念，这样的定义被称为循环定义（Circular Definition），又被称为同语反复（Tautology）。循环定义不能提供对概念描述的任何新信息，无助于对概念的理解。循环定义一般又分为同一定义内部的循环解释与不同被定义项之间的循环引用两种类型。例如：

车载导航是车里用的导航。

该句为同一定义内部的循环解释。

云技术是在云平台上实现的技术。
云平台是依靠云技术搭建的平台。

这两个句子是在两个被定义项概念体系中的循环引用。

6. 定义应遵从本族的语言习惯

在撰写定义时，应全面考虑本民族语言的特点与规律，注意本族遣词造句的语言习惯。例如，在定义中的种差描述中，如果修饰语过长，会影响到整个句子的可读性，这时应将被定义项的属概念的修饰语后置，以方便使用者的理解。例如：

无抵押个人贷款是以个人或家庭为核心，主要服务于广大工商个体户、小作坊、小业主，金额一般为十万元以下，一千元以上，不需要任何抵押物的，利率稍高于有抵押贷款的经营类贷款。

该句中种差描述中的修饰语过长，属概念"经营类贷款"出现在句末，该类定义形式容易给阅读者造成理解上的障碍。建议将修饰语成分后置为以下形式：

无抵押个人贷款是以个人或家庭为核心的经营类贷款，主要服务于广大工商个体户、小作坊、小业主，金额一般为十万元以下，一千元以上，不需要任何抵押物，其利率稍高于有抵押贷款。

当种差过长时，将属概念置于种差之前，符合使用者的认知思维习惯，便于对概念的理解。

7. 注释和图解

某些类型的术语定义，当采用语言描述形式直观性与表现力不够强时，可采用注释或使用图解来表示。注释信息辅助概念的理解，图解采用图示与语言注释的形式可易于表示抽象的概念、流程与变化。例如勾股定理的定义通过注释和图解法来描述，如图 2-3 所示。

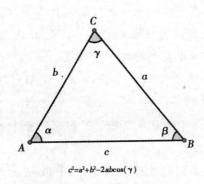

$$c^2=a^2+b^2-2ab\cos(\gamma)$$

**图 2-3　图解法定义示例**

该定义方法简单、清晰、直观性与可读性较强。

## 三　术语定义形式的多样性

在术语定义抽取的实验结果中，我们发现术语定义可以描述概念的不同侧重面，使得该术语可以拥有多个不同形式的术语定义。在符合给术语下定义的原则的同时，术语定义依旧能保持语言形式的多样性，从不同侧重点，不同角度对被定义项的概念加以描述。我们以"禽流感"为例，通过搜索引擎检索出了以下若干种形式的定义：

1. 禽流感是一种由 A 型流感病毒引起禽类从呼吸系统到严重全身败血症等多种症状的传染病。

2. 禽流感是禽鸟流行性感冒的简称，是一种原来只会在禽鸟之间传播的流行性感冒病毒，是一种高传染病，1878 年首次在意大利爆发，自从 1997 年在香港发现人类也会感染禽流感之后，此病症引起世界卫生组织的高度关注，其后，本病一直在亚洲区零星爆发，但在 2003 年 12 月开始，禽流感在东亚多国严重爆发，并造成越南多名病人丧生。

3. 禽流感是禽流行性感冒的简称，它是一种由甲型流感病毒的一种亚型（也称禽流感病毒）引起的传染性疾病，被国际兽疫局定为甲类传染病，又称真性鸡瘟或欧洲鸡瘟。

4. 禽流感是由禽流感病毒引起的一种急性传染病，也能感染人类，感染后的症状主要表现为高热、咳嗽、流涕、肌痛等，多数伴有严重的肺炎，严重者心、肾等多种脏器衰竭导致死亡，病死率很高。

5. 禽流感是禽流行性感冒的简称，是由 A 型禽流行性感冒病毒引起的一种禽类（家禽和野禽）传染病。

6. 禽流行性感冒（Avian Influenza，即 AI）简称禽流感，是由正粘病毒科的 A 型流感病毒引起的禽类病毒性传染病，主要引起鸡、鸭、鹅、火鸡、鸽子等禽类发病，可引起从轻微的呼吸系统到严重全身败血症等多种症状。

7. 禽流感是禽流行性感冒（Avian Influenza，AI）的简称，这是一种由甲型流感病毒的一种亚型引起的传染性疾病综合征，被国际兽疫局定为 A 类传染病，又称真性鸡瘟或欧洲鸡瘟。

8. 禽流感（H5N1）是一种甲型流感，主要影响禽鸟，但亦有人类受感染个案。

从上文中我们可以看出，术语的定义形式并非固定不变的，可以根据不同的用户需求而采用不同形式的术语定义。面向不同的使用对象，可以制定具有针对性的定义，即下定义的角度可以有所侧重。上面给出的"禽流感"的各条定义可以分别面向普通大众、医护人员、政策制定者、卫生监督者等人群，概念描述上各有侧重。针对普通大众以禽流感的症状与预防方法为主，针对医护人员以禽流感的治疗为主，针对政策制定者与卫生监督者以禽流感所在地区及全国的防控为主。术语定义形式的多样性也正是术语语用特征的具体体现。

在术语定义句的用词选择方面，面向专业领域人士，可以给出属概念加种差的优选定义，定义句中每个词的领域特性明显、专业性强，即定义句中的词语定义隶属度较高。面向专业领域以外的普通使用者，定义中应尽量使用通俗易懂的词语释义，避免出现特别生僻的领域词汇。如果用一些生僻的术语去解释另一个术语，不仅无法使阅读者理解被定义项的概念内涵，还有可能造成更大的理解偏误。

我们认为，根据使用者的知识背景、使用目标，对术语所指称的概念，从属性特征的不同侧重点下定义具有更大的现实意义。一个概念可以有多个特征，如功能特征、行为特征等，定义可侧重描述某个特征。例如，在介绍"人脸识别"的科普文章中，定义则可着重围绕这一术语在日常生活中的应用领域、应用价值等范围展开，把侧重点放在普通用户关心的方面。如果文章面向生物识别技术的专业科研人员，定义则可将侧重点放在具体技术原理、发展、技术更新、应用前景等层面。在介绍"可吸入颗粒物"的新闻报道中，定义可侧重于可吸入颗粒物对人体的危害与防护方法；如果文章面向环境保护、医疗卫生方面的专家，定义可侧重于可吸入颗粒物的产生原因、毒性因素、治理方法等方面。

# 第八节　本章小结

研究通过对大规模术语数据中术语定义的语言表达形式与结构特征进行考察分析，归纳出其特有的语言模式的构成规则，制定出定义匹配与定义过滤两类模板，对候选项进行初筛选。由于定义抽取系统是基于互联网进行知识挖掘的，网络文本具有其特有的特征，同时术语定义抽取的工作对准确度的要求相对较高，所以抽取结果需满足给术语下定义的若干规范和准则。本研究的抽取模板综合考虑了完备性、准确性、可操作性等多重因素。

术语定义抽取系统的本质是在定义模板规则匹配的基础上，寻求一种有效的术语定义自动识别的算法。在对语言表达形式进行粗匹配的基础上，比较术语定义用词特征与普通语料用词特征的区别，并将这种特征用术语定义隶属度来量化表示，分别统计出一个词语可能出现在术语定义里的概率，进而通过设计的算法，计算出一个句子可以作为术语定义的概率，再通过构建语言模型，在候选定义集中进行特征项选取，构建关键词向量，通过向量空间模型的计算方法，进一步提高术语定义抽取的精确度。

　　术语定义是术语系统中的核心元素之一，定义是对概念的语言描述。概念只有借助定义的解释、描述才能得以理解。术语定义的抽取是知识发现与信息抽取的一项重要内容。获取到大规模、规范化、多领域的术语定义，对于术语学本体研究具有重要的理论与现实意义。例如，可利用某个领域的术语定义集合进行术语之间的相似度对比，从而研究领域内部概念之间的相关性。科学、严谨的术语定义对于概念的理解、传播、推广、普及都是必不可少的。术语定义抽取研究对于术语概念的统一、术语协调与术语标准化、新术语的发现、术语词典的编纂、术语数据库的建立与更新，以及定义类问答系统、知识发现、主题抽取、自动文摘等领域来说都是一项很有意义的工作。

# 第三章

# 术语定义的聚类研究

## 第一节　术语定义聚类的必要性

　　语言学家认为语言不是一个静止的、自给自足的符号系统。一方面术语作为语言的一个组成部分，在各种因素的影响下，始终处于发展、变化的过程中。另一方面语言系统是一个不断扩充的开放集，需要不断借鉴、引入其他领域的词汇。在这一过程中，一些术语进入别的专业领域，成为跨领域术语。

　　由于术语具有可在不同领域之间被互相借用这一特性，使得有些术语可以在多个应用领域被广泛使用，由此产生了大量的同形异义术语（Homonym Term）。这些术语所指称的概念内涵是不同的，显然它们在不同的领域具有不同的义项。前面的章节我们讲到，术语与概念应具有一一对应的关系，术语应具有单义性，一个术语只表示一个概念。术语也应具有单名性，即一个概念只有一个指称，由一个术语来表示。术语的单义性是贯彻到某个特定领域的术语而言的。换言之，术语在某一专业领域范围内必须是单义的，否则会出现术语的多义、异义、同义现象，但在多个领域被借用的术语不具有单义性特征。多领域术语通常为同源词，通过隐喻、引申等修辞方法产生了新的义项，用来指称不同概念的内涵和外延。

　　我们以"病毒"等术语为例对术语定义领域聚类的必要性加以阐述。我们知道"病毒"一词为多领域术语，可以指生物领域的"病毒"，也可以指计算机领域的"病毒"，而两个领域的"病毒"显然所指的是截然不同的概念，具有不同的义项，其他几对术语也有类似的跨领域多义现象。例如：

　　1. 病毒是一种可以在其他生物体间传播并感染生物体的微小生物，一般包含核酸及外壳蛋白，有些动物的病毒的外面也偶尔覆盖一层细胞膜。

　　2. 计算机病毒是指编制或者在计算机程序中插入的破坏计算机功能或者毁坏数据，影响计算机使用，并能自我复制的一组计算机指令或者程序。

　　3. 防火墙：用于将因特网的子网与因特网的其余部分相分离，以达到网络和信息安全效果的软件或硬体设施。

　　4. 防火墙：两所房子之间或者一所房屋的两个部分之间的厚而高的墙，可以防止火灾蔓延。

　　5. 蠕虫是指一种可以不断复制自己并在网络中传播的程序。

　　6. 蠕虫是无脊椎动物的一大类，构造比腔肠动物复杂，身体长行，左右对称，质柔软，没有骨骼，没有脚。

　　7. 树是一种非线性的数据结构，能很好地描述有分支和层次特征的数据集合。

　　8. 树是木本植物的统称。

　　9. 漏洞是在硬件、软件、协议的具体实现或系统安全策略上存在的缺陷，从而可以使攻击者能够在未授权的情况下访问或破坏系统。

　　10. 漏洞是法律、法规、条约或协议中制定的不周密的地方。


　　定义 1 中的"病毒"属于生物领域的术语；定义 2 中的"病毒"属于计算机领域的术语；定义 3 中的"防火墙"属于计算机领域的术语；定义 4 中的"防火墙"属于建筑领域的术语；定义 5 中的"蠕虫"属于计算机领域的术语；定义 6 中的"蠕虫"属于生物领域的术语；定义 7 中的"树"属于计算机领域的术语；定义 8 中的"树"是《现代汉语词典》给出的释义性定义，属于通用领域的词语；定义 9 中"漏洞"是计算机领域术语；定义 10 中的"漏洞"也是《现代汉语词典》给出的释义性定义，属于通用领域的词语。

　　按照术语定义的领域属性，聚类算法将定义 2、定义 3、定义 5、定义 7、定义 9 自动聚合在一起，因为它们的领域共性都为计算机领域。

　　上述的例子也充分证明术语的单一性特征的相对性。术语的单一性仅仅是指在一个唯一领域内，概念与术语之间的一一对应关系。例如，在生物领域内，"病毒"只能指称一个概念，无语义歧义。在计算机领域内，"病毒"也只能指称一个概念，也无语义歧义。换言之，概念与术语之间的一一对应关系是建立在相同专业领域内这一前提条件下才得以实现的。

在缺少上下文语境信息时，仅仅给出一个术语"病毒"，我们以这个术语为查询项，提交到搜索引擎进行术语定义抽取，就碰到了问题。搜索引擎仅凭借孤立的术语词条，无法判断查询项的领域归属。当返回了若干条不具有领域区分性的"病毒"定义后，如何从中鉴别出哪些是描述生物领域的病毒，哪些是描述计算机领域的病毒，只能依赖人工的参与将这些同名多义术语的定义进行领域分类，显然这样做需耗费一定的时间与人力。当待处理术语定义集合较小时，尚可人工按照领域进行归类、整理，但当定义集合足够大时，人工进行逐句阅读、辨别、分类显然是不现实的。

在领域术语数据库的构建、维护、更新及用户的查询使用过程中，将这些不同领域的同名术语的定义区分开来是一项非常必要的工作。经过领域聚类后的术语及术语定义，才能在术语的知识体系和术语数据库中找到相应的位置，与概念体系中的其他概念建立某种关联关系，同时方便数据库使用者快速检索到所需信息。

跨领域同形异义术语又可分为两类。一类同形异义术语之间的语义关联度相对较小，词语之间相似度较低。术语定义是概念的语言描述，显然这一类跨领域同形异义术语的定义之间的语义相似度相应也极低，领域之间的界限非常明确。例如，生物领域的"蠕虫"与计算机领域的"蠕虫"两者之间的概念特征截然不同，语义相似度极低。另一类同形异义的跨领域术语，由于术语的某个共有属性特征适用于多个不同学科领域，尤其在这些学科领域之间存在交集时，其同形异义术语间的语义关联度与词汇相似度较高，领域界限相对较为模糊，判别领域类别的归属具有一定的难度。我们以"博弈论"为例进行阐述。

博弈论的概念最早出现在中国古代的军事著作《孙子兵法》一书中，很显然，该词属于军事术语。这之后又在棋牌、游戏等竞技比赛中被大量使用。1928 年冯·诺依曼证明了博弈论的基本原理，博弈论正式诞生。在这之后的几十年间，博弈论分别被用在生物学、经济学、信息学、政治学、资源科技学、数学等多个领域。例如，博弈论在经济学中的定义侧重描述"对竞争与冲突的分析、市场作用机制等问题的研究",而在生物学领域中的博弈论用来"理解和预测进化论的某些结果"。很显然,博弈论最初的概念在两个领域都得到了拓展,但又各自有不同的发展侧重;显然对"博弈论"领域归属的判别较其他跨领域术语来说,难度更大。

我们知道,任何一门学科体系都是知识体系中的一个有机组成部分。知识体系呈网状结构,每门学科都与其他学科发生某种关联,没有任何一门学科可以独立于其他学科之外孤立地存在。知识系统的结构化特征也是同形异义跨领域术语存在的先决条件。由此可见,给脱离上下文语境(定义语境)的术语进行聚类,是不科学的且不具有任何操作性。在上下文语境中对术语定义进行领域聚类,从语言信息处理的角度而言具有可操作性,无论从理论价值或是应用价值的角度来看,都是一项重要的术语学研究工作。

在这样一个研究背景下,我们提出了一种机器自动地将大规模的跨领域同形异义术语的定义进行领域聚类的方法。

# 第二节　聚类综述

## 一　聚类与聚类分析

所谓聚类(Clustering)就是按照事物的某种属性,将一组对象分成若干组或若干类别,使相似的元素被分在同一个组,使相异的元素被分在不同组的划分过程。例如采用元素出现的上下文环境特征为属性,如果一个元素的上下文环境适用于另一个元素,那么认为这两个元素具有可替换性,可被划分到一类。

簇(Cluster)是数据对象的集合。给定一数据样本集 $X$ $\{X_1,$ $X_2,\cdots,X_n\}$,根据对象间的相似程度将样本集合分成 $k$ 簇: $\{C_1,$ $C_2,\cdots,C_k\}$ 的过程称为聚类。聚类的结果使划分为一个簇的成员具有较大的相似性,而不同簇之间的成员具有较大的相异性。一个好的聚类方法生成的簇,具有高的类内相似度和低的类间相似度。

聚类分析(Clustering Analysis)又称为群分析,是研究分类问题的一种统计分析方法,是知识发现的一种有效手段。聚类过程是一个学习过程,通过聚类可以泛化一些概念,发现事物的内部规律和特征,便于对同类别的元素进行系统化的研究，也有助于不同类别元素之间的对比研究。该方法最初应用在模式识别、数据压缩、图像处理等领域，后来被广泛应用在文本处理及自然科学与社会科学的其他研究领域。

## 二 分类与聚类

说到聚类，就不能不提到分类。分类与聚类都是将相似对象进行归类的过程。分类（Categorization）是按照某种标准给对象贴标签，再根据标签将对象区分归类。分类器需要有人工标注的分类训练语料训练得到，属于有监督的学习范畴（Supervised Learning）。

聚类是将本身没有类别的样本聚集成不同的组，这样的一组数据对象的集合叫作簇，并对每个簇进行描述的过程。聚类算法是无指导的学习过程（Unsupervised Learning），无须标注好的训练语料。聚类的过程中使测试集自动地划分成若干类，类别的个数是未知的，而非事先设定好的。聚类自动产生类别数，从样本数据出发自动进行分类，所以聚类也叫作自动或无指导分类。

聚类分析的优点是简单、直观，聚类的分析结果为使用者提供多个可能，使用者可根据需要进行后续的分析。聚类研究覆盖数学、经济学、生物学、计算机科学、统计学等多个领域，在不同的应用领域都得到了发展，聚类分析是数据挖掘研究领域的一项重要内容。

## 三 硬聚类和软聚类

根据聚类后的元素属于所划分的类别的概率，可以将聚类分为硬聚类和软聚类两种。

硬聚类（Hard Clustering）算法的隶属度取值只有 0 与 1，也就是说一个元素只能完全属于一个类别，或完全不属于一个类别。

软聚类（Soft Clustering）中，一个元素可以同时属于几个类别，用概率表示该元素属于每个类别的程度。

本研究的目标是将一组跨领域术语的定义按照领域的属性进行聚类。一个概念只能对应一个术语，一个术语的定义也只可能是对一个概念的语言描述，而一个概念也只可能对应于一个专业领域。显然这三者之间都是明确的一一对应的关系。虽然在实际的操作过程中，会遇到同名异义术语的现象，即一个术语可以指称多个概念，从而拥有多个定义，但是这些概念与定义并不属于同一个领域。所以我们的研究所用到的聚类属于硬聚类的范畴，也就是说一个术语定义只能属于一个领域类别。例如：

> 吞吐量是指对网络、设备、端口、虚电路或其他设施，单位时间内成功传送数据的数量，以比特、字节、分组等测量。
>
> 吞吐量是指一个港口在一定时期内的货物进出总量，即该港口接纳了多少货物，运出了多少货物。

术语"吞吐量"分别属于信息领域和交通运输领域的术语，为跨领域同名异义术语。该术语本身在缺少上下文语境时，不存在与所属领域的一一对应性，很明显术语"吞吐量"与领域之间的对应关系为一对二的类型，然而术语定义与所属领域之间始终具有严格的一一对应性。例如，第一条定义句子中的"网络"、"端口"、"虚电路"、"单位时间"、"数据"、"比特"、"字节"等词语已经明确提示出该术语定义应归属于信息领域。同样第二条术语定义中的"港口"、"货物"也指示出该定义属于交通运输领域。可见，术语定义具有鲜明的领域性，定义中的词汇、语义信息能明确提示出术语定义所属的领域类别。

## 四　层级聚类与非层级聚类

按照聚类的具体实现方法，聚类的算法分为层级聚类（Hierarchical Clustering）和非层级聚类（Non-Hierarchical Clustering）两种。层级聚类的结果可以表示为一棵树的图形，每个节点都是父节点的一个类。非层级聚类结构比较简单，类别之间没有层级关系，其算法是一个迭代的过程，首先经过初始聚类，再通过不断地迭代重新分配数据的类别。

非层级聚类从一个初始划分开始，任何一个样本都可以作为种子，作为初始聚类的中心点（又叫质点），在此基础上进行迭代，将样本数据进行再分配，重新划分出新的类别。当迭代的结果不能起到提高分类效果时，迭代过程结束。

层级聚类随着类别层次的变化，类别中的元素也同样发生变化。层级聚类形成一棵类别树。每个类节点还包含若干子节点，按照类别树的生成方式，可将层级聚类法分为自底向上法和自顶向下法。自底向上法（Bottom-up）又称为合并聚类，自顶向下法（Top-down）又称为分割聚类。

自底向上的算法中，每个对象都被初始化为一个类别集合，然后反复合并两个或多个合适的类别，减少类别的数目，当只存在一个包含所有对象的类时或满足某个终结条件时算法结束。自顶向下的算法正好相反，先将整个集合看成一类，然后逐渐反复从结点分裂出新的子节点，增加类别的数目，直至每个对象都成为一个类别，或者满足某个终结条件算法停止。

# 第三节 本研究采用的聚类方法

## 一 聚类步骤

本研究采用简单的自底向上的层级聚类方法。该方法的优点是，易于理解，实现简便。具体步骤如下：

输入：待聚类的句子集合（$n$ 个句子）。

1. 初始化成 $n$ 类使每个类包含一个句子。
2. 计算所有 $n$ 个类两两之间的相似度。
3. 找出相似度最大的两个类合并成一个类，$n = n\text{-}1$。
4. 重复步骤 2、步骤 3，直到最大的相似度小于阈值或只有一类时停止。

## 二 相似度的界定和属性的选取

相似度（Similarity）是一个复杂的概念，不同应用领域对相似度有不同的界定。术语定义聚类研究中所指的句子相似度为领域相似度。

聚类的属性标准可以有很多种。属性定义了对象特征或对象状态。术语的定义聚类可以根据定义的语言结构形式聚类、句法相似性聚类，也可以根据术语定义属于内涵定义、外延定义、上下文定义或描述性定义进行聚类，还可以根据术语的领域所属类别进行聚类。

本研究中术语定义聚类是根据领域类别进行聚类，将同一领域或者相近领域的术语定义划分为一类，将不同领域或者领域差异较大的术语定义划分为不同的类别，使术语定义的领域区别性凸显出来。

领域聚类涉及句子中词的语义分析，通过语义分析确定其领域类别。词义相似度计算是自然语言处理中一个重要的研究方向，被应用在文本分类、信息检索、信息抽取、词义排歧、机器翻译等领域。我们使用董振东和董强先生创建的《知网》（*How Net*）作为系统的语义知识资源库，来进行语义之间的相似度计算。

### 三  《知网》介绍

《知网》是董振东、董强先生花费数十年时间编制而成的，1999 年 3 月在网上发布了《知网》研究成果的第一个版本，至今已经有十多年的历史了。《知网》是一个以汉语和英语所代表的概念为描述对象，以揭示概念与概念之间以及概念所具有的属性之间的关系为基本内容的常识知识库。

《知网》知识库可用来研究和开发语言信息处理系统，如文本聚类分类、敏感信息过滤、问答系统、查询扩展、歧义消除、全文检索、机器翻译等。可在《知网》的基础上建设所需的二次资源，如句子语义关系标注。

《知网》将知识界定为一个系统，且是一个关系的系统，是一个包含了概念与概念之间的关系及概念的属性与属性之间的关系的系统。该界定方法，将知识结构化、可视化，区别于传统的理论层面的界定，是可用实用软件支持和证明的具有可操作性的界定方法。《知网》认为，意义和知识寓于关系之中，只有从关系入手才能理解、表达意义和知识。关系是知识的核心与灵魂。《知网》的哲学思想认为世界上的一切事物都在特定的时间和空间内不停地运动和变化，它们通常从一种状态转化为另一种状态，并通常由属性值的改变来体现。

《知网》面向计算机，是借助计算机建立起来的，计算机化是《知网》的重要特点。《知网》是一部详尽的语义知识词典，包含丰富的词汇语义知识，对于词的语义采用的是一种多维的知识表示形式，是一个网状的有机的知识系统。《知网》中每一个词的语义描述由多个义原组成。词语的语义描述中各个义原之间有着复杂的关系，通过专门的知识描述语言来表示。《知网》既描写了同一类词语之间的语义关系（例如同义、反义、上下义、部分-整体等），又描写了不同类词之间的论旨关系（Thematic Relation）和语义角色（Semantic Role）。目前《知网》公布的中文信息结构库包含信息结构模式 271 个，句法分布式 49 个，句法结构式 58 个，实例 11000 个词语，60000 个中文。

（一）概念和义原

概念是对词汇语义的一种描述，每个词可以表达为一个概念。这些概念用一种知识表述语言来描述，知识表述语言所用的词汇叫作义原（Sememe）。义原是用于描述一个概念的最基本的、不能再分割意义的最小单位。概念可以分解为若干义原。例如：

"X 射线"是一个概念，这个概念包含义原：lights | 光、diagnose | 诊察、medical | 医

"X 射线"的定义中有三个义原描述了它的概念，它是一种光，被应用于医疗领域作为病情诊察的一种方式。

有的义原描述中，还包含关系符号，用来描述概念之间内部的某种关系，例如：

"护照"这一概念包含义原：document | 文书，* prove | 证明，#country | 国家，#tour | 旅游

"护照"的定义中，有四个义原描述了它的概念，它是一种文书，是一种证明的工具或手段，与国家和旅游这两个概念相互关联。

"教学医院"这一概念包含义原：InstitutePlace | 场所，@ cure | 医治，#disease | 疾病，@ teach | 教，@ study | 学，medical | 医，education | 教育

"教学医院"的定义中，有七个义原描述了它的概念，它是一种场所，提供医治与教学的空间，与疾病有某种关联，属于医学与教育领域的词语。

"性能价格比"这一概念包含义原：attribute | 属性，effect | 效

用，#price｜价格，&artifact｜人工物，commercial｜商

"性能价格比"的定义中，有五个义原描述了它的概念，它表示一种人工物的属性，反映了价格与效用的关系，属于商业领域的词语。

定义中的符号＊表示"施事或工具"，符号#表示"与其相关"，符号＠表示"动词的空间或时间"，符号＆表示"指向"关系。

《知网》中有2200个义原，分为以下几个大类：

1. Event｜事件
2. entity｜实体
3. attribute｜属性
4. aValue｜属性值
5. quantity｜数量
6. qValue｜数量值
7. SecondaryFeature｜次要特征
8. syntax｜语法
9. EventRole｜动态角色
10. EventFeatures｜动态属性

《知网》将上述义原分为三组。第一组包括第1类到第7类的义原，这些义原为基本义原（Basic Sememe），用来描述单个概念的语义特征；第二组只有第8类义原一类，为语法义原（Grammatical Sememe），用于描述词语的语法特征，主要是指对词性的描述；第三组包括第9类和第10类的义原，被称为关系义原（Relational Sememe），用于描述概念和概念之间的关系，类似深层格语法中的格关系。

《知网》描述了下述各种关系：

1. 上下位关系
2. 同义关系
3. 反义关系
4. 对义关系
5. 属性-宿主关系

6. 部件-整体关系

7. 材料-成品关系

8. 事件-角色关系

9. 施事/经验者/关系主体-事件关系

10. 受事/内容/领属物等-事件关系、工具-事件关系

11. 场所-事件关系

12. 时间-事件关系

13. 值-属性关系

14. 实体-值关系

15. 事件-角色关系

16. 相关关系

义原之间组成的是一个复杂的网状结构，其中义原之间最基本的关系是上下位关系，义原之间的距离表示为上下位之间的距离。根据义原的上下位关系，基本义原组成了一个义原的树状结构图。

以下就是部分义原的树状结构示例：

| 813 | entity丨实体 | 813 |
|---|---|---|
| 814 | thing丨万物 | 813 |
| 815 | physical丨物质 | 814 |
| 816 | animate丨生物 | 815 |
| 817 | AnimalHuman丨动物 | 816 |
| 818 | human丨人 | 817 |
| 819 | humanized丨拟人 | 818 |
| 820 | animal丨兽 | 817 |
| 821 | beast丨走兽 | 820 |
| 822 | livestock丨牲畜 | 820 |
| 823 | bird丨禽 | 817 |
| 824 | InsectWorm丨虫 | 817 |
| 825 | fish丨鱼 | 817 |
| 826 | plant丨植物 | 816 |
| 827 | crop丨庄稼 | 826 |

| | | |
|---|---|---|
| 828 | tree丨树 | 826 |
| 829 | FlowerGrass丨花草 | 826 |
| 830 | vegetable丨蔬菜 | 826 |
| 831 | fruit丨水果 | 826 |
| 832 | AlgaeFungi丨低植 | 826 |
| 833 | bacteria丨微生物 | 816 |
| 834 | inanimate丨无生物 | 815 |

结构列表中左边的数目代表义原的编号，右边的数目代表该义原的父节点（Father Node）的义原编号。如果两个义原的父节点相同，就说明这两个义原在树状网络中的高度一样，属于并列的兄弟关系（Brother Relation）。例如，crop丨庄稼、tree丨树、FlowerGrass丨花草、vegetable丨蔬菜、fruit丨水果、AlgaeFungi丨低植，这些义原的父节点都是plant丨植物，所以这些义原之间都是兄弟关系。同样，fish丨鱼、InsectWorm丨虫、bird丨禽、animal丨兽、human丨人，这些义原的父节点都是AnimalHuman丨动物，所以这些义原之间是兄弟关系。bacterial丨微生物、plant丨植物、AnimalHuman丨动物，这些义原的父节点都是animate丨生物，这些义原之间也是兄弟关系。以此类推，从义原的树状图中，可以查找到任何一个义原的父节点和兄弟节点，并能查找出该节点与其父节点之间的路径长度。

（二）《知网》的概念场（Conceptual Field）

《知网》是基于概念构造的。《知网》中词语之间的相关性都以词语所表达的概念的相关性来表示，也就是用概念的相关性来表示词语的相关性。《知网》作为一个知识系统，反映了概念的共性与个性。《知网》中的概念场包括知识库中所有词语和这些词语的义原。例如：

DEF（医院）= ｛InstitutePlace丨场所，@ cure丨医治，#disease丨疾病，medical丨医｝

DEF（大夫）= ｛human丨人，#occupation丨职位，* cure丨医治，medical丨医｝

DEF（护士）= ｛human丨人，#occupation丨职位，* TakeCare丨照料，* cure丨医治，medical丨医｝

　　DEF（病人）＝｛human｜人，＊SufferFrom｜罹患，$cure｜医治，#medical｜医，undesired｜莠｝

　　DEF（疗效）＝｛attribute｜属性，effect｜效用，&cure｜医治，medical｜医｝

　　通过义原的表示，概念被定义描述出来，并在相关联的概念之间建立起某种联系。例如，"医院"是一个医学领域的概念，是一个医治疾病的场所。"大夫"是一个医学领域的概念，具有人的属性，是一个医治疾病的职位。"护士"是一个医学领域的概念，具有人的属性，是一个兼具照顾病人与医治病人的职位。"病人"为医学领域的概念，具有人的属性，并且是带有罹患、需要医治的人，同时这种情形是莠，也就是不佳的状态。"疗效"为医学领域的概念，表示一种属性，是一种与医治相关的效用。通过义原的描述，多个静态的概念之间，通过共享义原"medical｜医"，建立起了语义关联。借助义原之间的相似度，词语定义之间可以两两计算相似度。

　　值得注意的是，在上述义原表示的定义描述中，@cure｜医治、＊cure｜医治、$cure｜医治、&cure｜医治，四个特征项的属性值相同，但属性名却是不同的。"医院"定义中的@cure｜医治，表达"医院是医治的空间"；"医生"与"护士"定义中的＊cure｜医治，表达"医生或护士是医治的施事者"；"病人"定义中的$cure｜医治，表达"病人作为受事者，是医治的受事"；"疗效"定义中的&cure｜医治，表达"疗效是与医治相关的概念"。

　　表3－1列举了一些词语，用义原来描述的定义。

**表3－1**　　　　　　　　　　　**《知网》知识描述语言实例**

| 词语 | 描述语言 |
| --- | --- |
| 专线 | Facilities｜设施，route｜路，special｜特 |
| 学术成就 | result｜结果，desired｜良，#succeed｜成功，#knowledge｜知识，#research｜研究，#study｜学 |
| 一定 | aValue｜属性值，behavior｜举止，lasting｜恒 |
| 阑尾 | part｜部件，AnimalHuman｜动物，viscera｜脏 |
| 莱茵河 | waters｜水域，linear｜线，ProperName｜专，（Europe｜欧洲） |
| 高明 | aValue｜属性值，wisdom｜智慧，wise｜智，desired｜良 |
| 沸点 | attribute｜属性，boundary｜界限，#StateChange｜态变，&temperature｜温度 |

续表

| 词语 | 描述语言 |
|------|---------|
| 放生 | release丨释放，patient = AnimalHuman丨动物，religion丨宗教 |
| 搭桥 | build丨建造，PatientProduct = facilities丨设施 |
| 幢 | NounUnit丨名量，&house丨房屋 |
| 汗腺 | Part丨部件，AnimalHuman丨动物，nerve丨络 |
| 救生艇 | ship丨船，*rescue丨救助 |
| 不管 | concession丨让步 |
| 洗衣机 | tool丨工具，*wash丨洗涤，#clothing丨衣物 |
| 拔河 | Fact丨事实，exercise丨锻炼，sport丨运动 |
| 高手 | Human丨人，able丨能，desired丨良 |
| 本 | NounUnit丨名量，&publications丨书刊 |
| 班门弄斧 | showoff丨炫耀，content = ability丨能力，target = able丨能 |
| 百货店 | InstitutePlace丨场所，*sell丨卖，@buy丨买，#artifact丨人工物，commercial丨商 |
| CPU | Part丨部件，%computer丨电脑，heart丨心 |
| 旅馆 | InstitutePlace丨场所，@reside丨住下，#tour丨旅游 |
| 味道 | attribute丨属性，taste丨味道，&edible丨食物 |
| 熨斗 | tool丨工具，*alterform丨变形状，#level丨平 |
| 难题 | Problem丨问题，difficult丨难，undesired丨莠 |
| 手表 | Tool丨工具，*tell丨告诉，#time丨时间 |
| 眼睛 | part丨部件，%AnimalHuman丨动物，#eye丨眼 |
| 爱情 | emotion丨情感，love丨爱恋，desired丨良 |
| 骨折 | disease丨疾病，#bone丨骨，$break丨折断 |
| 议会 | Institution丨机构，politics丨政，#country丨国家，*forming丨形成，#law丨律法 |
| 直径 | attribute丨属性，distance丨距离，&image丨图像，&physical丨物质，round丨圆 |
| 制海权 | attribute丨属性，power丨势力，control丨控制，#waters丨水域，&country丨国家，&army丨军队 |
| 治愈率 | quantity丨数量，rate丨比率，#be recovered丨复原，&cure丨治疗 |
| 岩洞 | part丨部件，%earth丨大地，mouth丨口 |
| 余震 | Phenomenal丨现象，#weather丨天象，#land丨陆地，#unfortunate丨不幸，undesired丨莠 |

《知网》中的词条包括实词和虚词。本书中进行领域分类的特征项选取只针对实词中的一部分，除此以外的其他实词与全部虚词均不在研究之列。

实词由语义描述式组成，语义描述式又分为三种。

1. 基本义原描述式：用"基本义原"进行描述。例如，Event｜事件、entity｜实体、attribute｜属性、aValue｜属性值、quantity｜数量、qValue｜数量值。

2. 关系义原描述式：用"关系义原＝基本义原"来描述。例如，patient＝AnimalHuman｜动物、target＝able｜能、PatientProduct＝facilities｜设施、possession＝land｜陆地、content＝CauseToDo｜使动。

3. 关系符号描述式：用"关系符号与基本义原"来描述，其中关系符号表达了概念之间的某种语义关联。例如，＊sell｜卖、&temperature｜温度、#information｜信息、? Material｜材料、$ choose｜选择。

# 第四节　术语定义的领域聚类

术语定义的领域聚类的本质就是将领域作为聚类属性，计算术语定义之间的句子相似度，将句子相似度高的术语定义划分为一类，将相似度低的句子划分到不同的类。所以领域聚类的工作是建立在术语定义相似度计算的基础之上的。

## 一　句子相似度计算

句子相似度（Sentence Similarity）计算是自然语言处理领域中的一个重要问题，被广泛使用与基于实例的机器翻译、问答系统、信息过滤、信息抽取、多文档文摘等研究。句子相似度计算一般分为语法相似度（Grammatical Similarity）、语义相似度（Semantic Similarity）与语用相似度（Pragmatical Similarity）。本研究的目标是将术语定义按照领域的属性划类，而领域划分是基于语义相似度之上的，属于语义分类的范畴。

（一）句子表示方法（Sentence Representation）

句子表示方法的差异产生不同的相似度计算方法。常用的句子表示方法有向量空间模型、词语集合、义项集合表示句子的方法。本研究使用词语集合表示句子的方法。

系统首先将句子作为一个词语的集合进行处理。集合中相同的元素只出现一次。如果句中某个词语出现的次数超过一次，按照一次来计算。这样集合中没有词语的冗余现象，通过这种方法，句子的相似度计算就转化为集合之间的相似度计算。

（二）句子的相似度计算

研究采用刘群（2002）的集合相似度的计算方法来计算句子的相似度。首先计算两个集合之间元素两两之间的相似度，从这些相似度值中选择最大的一个，将这个相似度值代表的两个元素对应起来，从所有的相似度值中删去那些已经建立起对应关系的元素的相似度值，重复上述步骤，直到所有的相似度值都被删除，剩下的没有建立起对应关系的元素与空元素对应。

例如，有两个集合 $\{a_1, a_2, a_3\}$，$\{b_1, b_2, b_3, b_4\}$，这两个集合之间两两元素之间的相似度分别为：$Sim\ \{(a_1, b_1), (a_1, b_2), (a_1, b_3), (a_1, b_4), (a_2, b_1), (a_2, b_2), (a_2, b_3), (a_2, b_4), (a_3, b_1), (a_3, b_2), (a_3, b_3), (a_3, b_4)\}$。我们从这 12 对元素的相似度中，找一对最大的。例如，这其中 $(a_1, b_4)$ 是相似度中最大的，那么我们将包含 $a_1$ 与 $b_4$ 的元素去掉，即 $(a_1, b_1), (a_1, b_2), (a_1, b_3), (a_1, b_4), (a_2, b_4), (a_3, b_4)$ 这 6 个对。这样集合成为：$Sim\ \{(a_2, b_1), (a_2, b_2), (a_2, b_3), (a_3, b_1), (a_3, b_2), (a_3, b_3)\}$。集合中元素的个数为 6。我们从这 6 个元素中继续找出相似度最大的元素。例如 $(a_2, b_2)$ 为相似度最大的元素，那么我们将其他元素中包含 $a_2$ 与 $b_2$ 的元素去掉，即 $(a_2, b_1), (a_2, b_2), (a_2, b_3)$ 4 个元素。这时候集合成为：$Sim\ \{(a_3, b_1), (a_3, b_3)\}$。重复上述的步骤，在剩下的两个元素中，如果 $(a_3, b_3)$ 相似度较大，那么最终 $b_1$ 就与空元素相对应，是没有建立起对应的元素，我们赋予它一个很小的值 $\sigma$ 作为它与空元素的相似度。

句子的相似度就是上述建立起对应关系的元素的相似度的算术平均数：

$$Sim\_\ Sentence = \frac{Sim(a_1, b_4) + Sim(a_2, b_2) + Sim(a_3, b_3) + \sigma}{4} \quad (3-1)$$

通过公式 3-1，集合的相似度转化为词语的相似度计算。

## 二　词语的相似度计算

词语的相似度（Word Similarity）受到词法、句法、语义、语用各个因素的影响。术语定义聚类的目的是把分属不同领域的句子按领域类别聚类，显然语义的因素对词语和句子相似度的影响最大。我们将语义相似度高的句子聚类在一起，将语义相似度低的句子划分到不同的领域，完成聚类的任务。

（一）义原相似度计算

若有两个义原 $S_1$ 和 $S_2$，我们记其相似度为 $Sim$（$S_1$，$S_2$），并用以下公式表达：

$$Sim(S_1, S_2) = \frac{\alpha}{Dis(S_1, S_2) + \alpha} \qquad (3-2)$$

$Sim$（$S_1$，$S_2$）为义原之间的相似度（Sememe Similarity），$Dis$（$S_1$，$S_2$）为两个义原在这个层次体系中的路径距离，$\alpha$ 是一个可以调节的参数。两个义原之间的距离越大，那么它们的语义相似度越小，两者成反比的关系。

（二）特征结构的相似度计算

特征结构（Feature Structure）是一个"属性名-属性值"对。一个特征结构包含一个或一个以上的特征（Feature），特征由属性名（Attribute Name）和属性值（Attribute Value）构成。特征结构可以由属性-值矩阵（Attribute Value Matrix）来表示。例如，@：buy｜买、%：computer｜电脑、#：study｜学、&：image｜图像、*：like｜爱惜，分别是特征结构，用属性-值矩阵表示为：

@：buy｜买

%：computer｜电脑

#：study｜学

&：image｜图像

*：like｜爱惜

其中符号@、%、#、&、* 分别是属性名，buy｜买、computer｜电脑、study｜学、image｜图像、like｜爱惜，分别是属性值。

《知网》知识描述语言中，不同的符号有不同的含义。其中符号@表示"可以做 $V$ 的空间或时间"、符号%表示"是其部分"、符号#表示"与其相关"、符号&表示"指向"、符号*表示"会 $V$ 或主要用于 $V$，即施事或工具"。

　　计算特征结构的相似度，需要建立特征之间一一对应的关系。相同属性之间的特征之间可以进行相似度的比较，不同属性之间的特征则无法进行相似度比较，所以我们将属性相同的特征之间建立起对应关系。如果没有属性相同的特征，对应物则为空值。

　　属性名和属性值组成特征结构。由于可以对比的特征结构的属性名必须是相同的，所以两个特征的相似度其实就是转化为属性值的相似度。例如，"@ walk｜走"与"@ buy｜买"的相似度就是属性值"walk｜走"与"buy｜买"的相似度。不同属性的特征结构之间无法进行相似度计算。例如，"#occupation｜职位"与"＊transmit｜传送"、"？Medicine｜药物"与"％crop｜庄稼"，两个特征项之间由于属性名不同，所以无法进行相似度比较，对应值为空。

　　（三）义项相似度计算

　　《知网》的每个词条由多个义原来描述。

　　1. 第一基本义原描述：两个概念的基本义原的相似度为 $Sim_1$（$S_1$，$S_2$）。

　　2. 其他基本义原描述：除第一基本义原以外基本义原的集合。其他基本义原相似度为 $Sim_2$（$S_1$，$S_2$）。

　　3. 关系义原描述：是一个特征结构。对于该特征结构的每一个特征，属性名是一个关系义原，属性值是一个基本义原或一个具体词。关系义原描述的相似度为 $Sim_3$（$S_1$，$S_2$）。

　　4. 关系符号描述：是一个特征结构。对于该特征结构的每一个特征，属性是一个关系义原，属性值是一个集合，该集合的元素是一个基本义原，或一个具体词。关系符号描述的相似度为 $Sim_4$（$S_1$，$S_2$）。

　　于是，两个概念语义表达式的整体相似度记为：

$$Sim(S_1,S_2) = \sum_{i=1}^{4}\beta_i Sim_i(S_1,S_2) \qquad (3-3)$$

$\beta_i$（$1 \leq i \leq 4$）是可调节的参数，且有：

$\beta_1 + \beta_2 + \beta_3 + \beta_4 = 1$，$\beta_1 \geq \beta_2 \geq \beta_3 \geq \beta_4$

　　第一基本义原是概念最主要的特征，所以权值最高，系统赋予其他特征逐渐递减的权重。

　　（四）词语相似度计算

　　若有两个词语 $W_1$ 和 $W_2$，如果 $W_1$ 有 $n$ 个义项 $S_{11}, S_{12}, \cdots, S_{1n}$。$W_2$ 有

$m$ 个义项：$S_{21}, S_{22}, \cdots, S_{2m}$。

两个词语之间的相似度，由这两个词之间所有义项之间的相似度的最大值来决定，用公式表示为：

$$Sim(W_1, W_2) = \max(S_{1i}, S_{2j}) \ (1 \leqslant i \leqslant n) \ (1 \leqslant j \leqslant m) \ (3-4)$$

通过上述公式，词语之间的相似度计算就转化为义项之间的相似度计算。

我们通过计算"生日"与"高兴"之间的词语相似度来描述这一计算过程。由于两个词语都只有一个义项，系统只需计算以下两个义项之间的相似度。

高兴 = {aValue | 属性值, circumstances | 境况, happy | 福, desired | 良}

生日 = {time | 时间, day | 日, @ ComeToWorld | 问世, $ congratulate | 祝贺}

定义中"aValue | 属性值"与"time | 时间"为第一基本义原，"circumstances | 境况"、"happy | 福"、"desired | 良"、"day | 日"为其他基本义原，"@ ComeToWorld | 问世"、"$ congratulate | 祝贺"为关系义原。

首先我们计算第一基本义原之间的相似度。从《知网》的义原关系结构表中，可以直接查找出两个第一基本义原之间的位置，两个概念之间的路径长度就是两者之间语义距离的度量，通过路径距离计算出它们之间的相似度。下一步进行其他基本义原之间的相似度计算，即"circumstances | 境况"、"happy | 福"、"desired | 良"与"day | 日"的相似度，其中"circumstances | 境况"与"day | 日"相似度最大，"happy | 福"、"desired | 良"与空元素对应，赋予它一个很小的值 $\sigma$，作为它们之间的相似度，再通过算术平均得到基本义原之间的相似度。

最后系统计算关系义原之间的相似度，"@ ComeToWorld | 问世"、"$ congratulate | 祝贺"与空元素对应，算法赋予它一个很小的值 $\sigma$，作为它们之间的相似度。

词语之间的相似度是以上三个相似度的加权求和，经过上述计算过程得到了一个很小的分值，表明"高兴"与"生日"的语义相似度很低。

### 三  术语定义领域聚类的停用词表的建立

领域聚类中的特征项选取与普通文本聚类有所区别，所以本研究的停用词表与普通文本聚类的停用词表有所不同，我们采取以下策略加以处理。

首先系统经过停用词过滤，将语义上对领域聚类贡献极小的词语过滤掉，这些滤掉的词语不再参与后续聚类的计算。系统的停用词表收录的是不具有领域区分度的词语。我们发现术语定义在句子结构上具有一定的相似性，如定义抽取模板中的关键词会经常出现在定义中，大量的定义中使用这样的关键词来描述被定义概念。例如，"所谓"、"包括"、"称为"等。以"所谓"为例：

　　所谓双模手机就是指一台手机能允许用户在两种不同的网络环境下使用的手机。

　　所谓磁悬浮列车实际上是依靠电磁吸力或电动斥力将列车悬浮于空中并进行导向，实现列车与地面轨道间的无机械接触，再利用线性电机驱动运行的列车。

　　所谓 GDP 即国内生产总值是指在一定时期内，一个国家或地区的经济中所生产出的全部最终产品和劳务的价值，常被公认为是衡量国家经济状况的最佳指标。

显而易见上述三个术语定义中的"双模手机"、"磁悬浮列车"与"GDP"分别属于通信领域、交通领域、经济学领域的术语，分属三个不同的领域，但定义中都包含"所谓"这个词语。由此可以看出，"所谓"一词不具有领域区分性，也就是说，它可以属于任何一个领域内的术语定义用词，将该类词语从术语定义中预先剔除出去，可提高聚类的准确率并可降低计算复杂度。

同样，其他匹配模板中的词都可能出现在任何一个领域的术语定义中，我们将这些词语作为停用词，补充到普通信息检索和文本过滤的停用词表里，不再参与到后续的聚类计算过程。

### 四  聚类特征的选取

特征选取（Feature Selection）是从已有特征中选取某些特征，以达到系统特定指标的最优化，是从原始特征中选择出一些最有效特征以降低数据集合维度的过程。特征选取是模式识别中重要的数据预处理方法。特征项一般为更能反映文本内容的词汇，且通过特征项的选取，降低了文本的空间维度，提高了聚类的效率与精度。

在前面的章节中，我们通过将术语定义用词与《人民日报》用词按照词性分类对比后发现，术语定义中的名词和与《人民日报》中的名词在用词特征上有很大的差别。在领域的判别过程中，定义句子中的名词对领域类别区分起到的支持作用最大。通过考察其他词性的词语在两种文体上用词的差别，我们发现术语定义中的动词与《人民日报》中的动词使用特征上的差异相对较小，但依然具有领域的区分性，对术语定义的领域所属类别的判定也起到了一定的贡献作用，也应作为聚类的特征（详见附录《人民日报用词与术语定义用词对比》）。

（一）名词的领域区分度

术语定义的领域分类就是将被定义的术语做一个领域分类，被定义项属于哪个领域，那么该术语定义就应属于哪个领域。术语是表达概念的称谓，名词是表达事物或概念的名称。从词性角度分析，术语大多是名词或名词短语。术语定义是对概念的语言描述，定义中包含了大量的名词或名词短语，这些名词与被定义概念之间语义相关性与领域相关性较高，对被定义项领域归属的判别提供了最大的支持。例如：

> 卵磷脂是血管的清道夫，能将附着在血管壁上的胆固醇、中性脂肪乳化成微粒子，溶于血液中并运回肝脏而被代谢，从而改善血清脂质，清除过氧化物，使血液中胆固醇及中性脂肪含量降低，防止由胆固醇引起的血管内膜损伤。
>
> 胆固醇是体内最丰富的固醇类化合物，它既作为细胞生物膜的构成成分，又是类固醇类激素、胆汁酸及维生素 D 的前体物质。
>
> 核酸是细胞内的生物大分子，是细胞的核心物质，由脱氧核糖核酸（DNA）和核糖核酸（RNA）组成。
>
> 染色体（Chromosome）是真核生物特有的构造，主要由双股螺旋的脱氧核糖核酸和五种被称为组蛋白的蛋白质构成，与基因有密切关系。
>
> 泛素化是指泛素分子在一系列特殊的酶的作用下，将细胞内的蛋

白质分类，从中选出靶蛋白分子，并对靶蛋白分子进行特异性修饰的过程。

上面的五个定义中的"血管"、"肝脏"、"脂肪乳"、"微粒子"、"血液"、"血清脂质"、"细胞"、"生物"、"生物膜"、"类固醇"、"激素"、"分子"、"胆汁酸"、"维生素"、"前体物质"、"脱氧核糖核酸"、"真核生物"、"双股螺旋"、"组蛋白"、"蛋白质"、"基因"、"泛素分子"、"酶"、"靶蛋白分子"、"特异性"等词对领域聚类起到了绝对的支持作用。

（二）动词的领域区分度

术语定义中动词的领域区分度相比名词而言，程度相对较弱，但动词的某些属性特征仍能对领域区分有一定的支持。例如：

语音信号处理是指语音信号输入计算机后对其进行分析处理的过程，语音通过话筒转换成电信号，再经放大或转换变成数字信号，用模式分类方法分析和识别这些信号。

二值化是指把一组数据按一定的规则映射为 0 或 1 的过程。

汉字信息处理是指用计算机对汉字表示的信息进行操作和加工，如汉字的输入、存储、识别、生成和输出等。

文档管理是指文档、电子表格、图形和影像扫描文档的存储、分类、检索、升级、扩容等。

上面的句子中的动词"输入"、"分析"、"处理"、"转换"、"识别"、"映射"、"操作"、"加工"、"存储"、"生成"、"输出"、"分类"、"检索"、"升级"、"扩容"等词对领域类型的判别起到了很大的支持作用。

我们在考察了术语数据库中的定义后发现，除去名词、动词两大实词词类外，实词中的形容词、数词、量词、代词对领域聚类的贡献度不大，考虑到计算的效率，系统不将它们作为聚类的特征。虚词由于没有完整的词汇意义，只具有语法意义或功能意义，如副词、介词、连词、助词、语气词，几乎任何领域的术语都可能需要这些词性的词语去表达一个合理的语法意义，从而能够完整地描述一个被定义项，所以它们在句子中只是起到了语法或功能的作用。这些词类对领域聚类几乎不起任何指示作用，领域区分度的价值基本可以忽略。

基于上述分析，在聚类计算之前，系统先将候选文本进行预处理，在分词与词性标注的基础上，进行词性过滤，过滤掉术语定义句子集合中除去名词、动词以外的其他所有词性的词语。这些词语对于一个完整的被定义项概念的描述是不可缺少的成分，但这些成分由于缺少明显的领域属性特征，所以对于领域类别归属的支持度极低，同时通过词性过滤也降低了聚类的计算复杂度。

## 第五节　术语定义聚类的结果及分析

术语定义的聚类实验没有标准的测试数据集，因此实验结果只能与人工聚类的结果进行比对。

评价标准：

准确率（Precision）表示聚类正确的定义的数目在所有被聚类的定义总数中所占的比例。用公式表示如下：

$$P = \frac{聚类正确的定义数目}{被聚类的定义总数} \times 100\% \qquad (3-4)$$

式 3-4 中 $P$ 为聚类的准确率。在人工聚类的过程中，当出现跨领域单义术语的领域判别问题时，我们判定自动聚类的结果只要符合所跨领域中的任何一个领域即为聚类成功。实验采用 260 条术语定义进行聚类，聚类结果被分为 15 类，其中经过人工判定，被正确分类的术语定义 214 条，实验的聚类正确率为 82.31%。

实验结果分析如下。

## 一　领域聚类的判定复杂性

事实上，术语定义的领域类别划分的评判标准是较难给出的。聚类分为硬聚类与软聚类两大类，本研究中的聚类属于硬聚类的范畴。术语在一个领域中具有单义性，即一个单义术语的定义只能属于一个专业领域，也就是说不可能出现表达一个概念内涵的术语被划分到两个不同领域的情况，即不存在一个概念跨多个专业领域的现象。对于大多数术语来说，术语定义与领域具有一一对应性，这是与术语的单义性特征相符合的；然而对于属于交叉学科的某些特殊术语来说，领域判别的问题较为复杂，特别是当术语定义只是描述术语本身的概念特征，而不涉及其领域中其他相关概念项时，领域判定的难度更大。该类情况下，人工对术语领域的判别划分则不可避免地受到人为、主观因素的影响。

例如，"纳米科学"是一个交叉性很强的学科，可分别在物理学、生物学、电子学、化学、材料学找到相应的分类位置，同样"计算语言学"是被划分到计算机科学领域还是语言学领域，不同的人也许会有不同的答案。值得注意的是，当术语的定义描述中包含了一些领域信息丰富的词汇时，判定该类跨领域术语的类别归属问题便会得到解决。

## 二　聚类相似度阈值的设定

聚类相似度的阈值设定影响到最终聚类的类别总数，以及聚类的计算复杂度。本研究采用自底向上的聚类算法。当相似度阈值设定为较小时，即对相似度的要求较低时，最终聚出的类别较少；反之当相似度阈值设定较大时，即对相似度的要求较高时，最终聚出的类别较多。聚类算法开始时，每个句子都被认定为一个类别，通过迭代次数的增加，类别越来越少。所以阈值越小，聚出的类别越少，聚类过程中迭代的次数越多，计算量越大，时间消耗越大。

随着相似度阈值的调整，聚类的结果相应发生变化。阈值越大，聚类后的类别数越多，在一个类别中的聚类准确率越高。从理论上来讲，如果每个句子都被聚成单独的类别，那么聚类的准确率就为100%。显而易见，如果每个句子都作为一个类别，或者所有句子都聚合成一类，那么实际上等于没有聚类，所以聚类参数的选定，事实上是兼顾聚类后类别总数与聚类准确率两个因素，在两者之中找到一个最合适的值。经过实验发现，我们把相似度阈值设定为0.38的时候准确率最高，也就是说，若两个句子之间的相似度大于或者等于0.38，就被认为是同属于一个领域类别，低于这个阈值，则被划分在不同的领域类别，这样既保证了术语领域界限的清晰度也保证了领域类别总数的合理性。

## 三　《知网》知识库在领域聚类中的优点与局限性

本研究选用《知网》作为术语定义领域聚类的知识库，这是因为在《知网》的概念描述的定义中包含丰富的具有领域区分功能的义原。例如：

commercial｜商、medical｜医、computer｜电脑、software｜软件、internet｜因特网、education｜教育、weather｜天象、celestial｜天体、politics｜政、electricity｜电、mine｜矿、information｜信息、agricultural｜农、edible｜食物、livestock｜牲畜、religion｜宗教、industrial｜工、AnimalHuman｜动物、animate｜生物、inanimate｜无生物、chemical｜化学物、material｜材料、artificial｜人工物、vehicle｜交通工具、MusicTool｜乐器、machine｜机器、physical｜物质、event｜事件、literature｜文、entertainment｜艺、drinks｜饮品、music｜音乐、sport｜体育、law｜律法、military｜军、diplomatic｜外交、disease｜疾病、medicine｜药物、weapon｜武器、tool｜工具、metal｜金属、institution｜机构、knowledge｜知识、software｜软件、rights｜权利、emotion｜情感、money｜货币、vegetable｜蔬菜等。

这些义原对术语定义的领域区分与判别起到了很大的支持作用。

实验中我们也发现，使用《知网》进行领域聚类也具有一定的局限性。由于《知网》使用的义原的个数为 2200 个，概念达 80000 多个。义原的个数远远小于概念的个数，这样就出现多个概念之间共用同一个义原的情况，这一因素影响了领域聚类的准确度。我们以"phenomena｜现象"这个义原为例进行分析，包含该义原的词语有如下一些词语：

表 3－2　　　　　　　包含"phenomena｜现象"的词语示例

| 包含"phenomena｜现象"的词语 | | | | | | |
|---|---|---|---|---|---|---|
| 白色恐怖 | 雹灾 | 暴洪 | 闭经 | 弊病 | 兵荒马乱 | 病虫害 |
| 波谱 | 擦网球 | 车流 | 春寒 | 磁共振 | 地震 | 电泳 |
| 恶性通货膨胀 | 厄尔尼诺 | 风灾 | 工伤事故 | 官僚主义 | 光电 | 光合作用 |
| 光谱 | 海啸 | 交通事故 | 角球 | 接触不良 | 脉搏 | 脉冲 |
| 频谱 | 瓶颈 | 千年虫 | 色谱 | 山崩 | 圣婴 | 失重 |
| 事变 | 水土流失 | 胎动 | 铁锈 | 通货紧缩 | 头球 | 温室效应 |
| 涡旋 | 小循环 | 谐振 | 雪崩 | 月经 | 肇事人 | 症候 |

显而易见，这些词语之间语义相似度并不高，领域范围也非常广泛，包含自然、政治、体育、医学、物理、经济等多个领域，这些领域之间的相关性较低，但这些词语却共享了同一个义原"phenomena｜现象"。特

别值得注意的是，该义原在大多数情况下属于第一基本义原，因此被赋予了一个较高的权重。在聚类的计算中，由于共用同一个义原，通过词语的相似度计算，这些词语之间容易获得较大的相似度。由于句子的相似度是建立在词语相似度基础之上的，进而又影响到句子的相似度计算，最终影响了聚类的结果。

另一方面，《知网》中部分词语的义原描述不够详尽，有些词汇的义项的描述准确度不太高。有的词语的定义中只包含一个义原描述，并不包含带有任何领域特征的义原，所以无法提供对领域聚类的支持。例如，"飓风"只有一个义原描述"wind | 风"，"泥石流"同样只有一个义原描述"stone | 土石"。这两个词语属于自然现象，但是在定义中缺少作为专业领域的义原描述，对于该类词语来说，《知网》的知识库无法提供领域聚类的支持。

有的词语的定义不仅无法提供领域信息，而且只包含一个义原。例如包含"DEF = document | 文书"义原，且定义中只有此项义原的有以下词语：

> 元素周期表、案卷、白皮书、报表、呈文、单子、档案、公报、卷宗、批件、批文、签证、日志、损益表、通讯录、文件、文书、一览表、月报等。

这些词语由于共享同一个义原，且该义原是定义中的唯一项，造成词语相似度计算的结果为1，即两个词语完全相同，显然这是不科学的。这种义项表述显得随意性较强，准确度较低，且无法凸显其所属的领域类别。

实验中我们发现，包含相同语素的词语，它们的义项常包含相同的义原，尤其在定义所包含的义原数量较少时，再经过相似度计算，义项之间倾向有较高的相似度，而事实上，这些词语在很多情况下，两两之间的语义关联度并不高，所归属的领域之间也有明确的界限。例如，"映射"与"照射"的义项都只有一个义原描述"illuminate | 照射"。两者之间显然语义相似度极低，前者属于数学领域的术语，而后者为通用领域的普通词语。

《知网》知识库对某些词汇义项描述的颗粒度过大，造成不同词语之间义项的概念描述完全相同。事实上下面的词语除了都有"疾病"这一特征外，词汇之间的其他区别特征也较为明显。例如：

"高血压" DEF = disease | 疾病

"肝炎" DEF = disease | 疾病

"精神病" DEF = disease | 疾病

"静脉曲张" DEF = disease | 疾病

"先天性疾病" DEF = disease | 疾病

"腺瘤" DEF = disease | 疾病

"哮喘" DEF = disease | 疾病

"消化不良" DEF = disease | 疾病

"牙龈炎" DEF = disease | 疾病

上述各词语的定义中只包含一个领域义原，不包含任何概念的区别性特征描述，造成两两之间的相似度也为1，而事实上，这些词语之间有着明显的语义差别，可见义项中义原的颗粒度也会影响到词汇相似度的计算，从而影响到句子相似度的计算，最终影响句子聚类的准确度。

词条的完备性对聚类的结果也会产生一定的影响。一般而言，术语定义句子中包含的同领域内其他术语的数量也较为丰富，也就是说，术语定义中的术语密度较大。这些术语中有的未被知识库的词表所收录。汉语本身是个开放集合，术语作为一类特殊的词汇集，其开放程度较其他类词语而言更高。概念的爆炸式增长也导致了术语的急速增长。在新增词语中，术语所占的比例最大，且增长速度较快。显而易见，《知网》知识库并不能涵盖所有词语。

一个高质量的、规范化的知识库的构建是一项长期、艰巨的工作，词汇知识库的建设受到人力、物力等各方面因素的制约和影响。借助知识库进行自然语言处理的相关工作既有其现实性又有其局限性。两者之间在本质上具有相辅相成的关系，自然语言处理的一些工作可以构建在知识库基础之上，同时也可采用其研究成果进一步丰富和完善知识库。

**四　聚类结果的错误分析**

经过对实验结果的分析，我们将错误的聚类结果分为以下两种情况。

第一种情况，虽然人工来看是分属两个领域的术语定义，但是由于两个定义句中出现多个词语交集，在聚类的计算中造成相似度过高而被错误地聚合成一个类别。例如，以下两个句子：

> 极光是由来自地球磁层或太阳的高能带电粒子流使高层大气分子或原子激发而产生的发光现象。

> 纳米科学技术是研究在千万分之一米到亿分之一米内，原子、分子和其他类型物质的运动和变化的学问，同时在这一尺度范围内对原子、分子进行操纵和加工的技术。

上述两个定义之间的词语交集有"分子"、"原子"，且第一个句子中的"磁层"、"粒子"与"分子"、"原子"的词语相似度也较高，第二个句子中"分子"、"原子"分别出现了两次。句子相似度计算的结果显示两者相关度较高，被聚合为一类；然而"极光"属于天文学术语，"纳米技术"属于多个学科领域的术语，但两者在领域范围划分时，通常被认定为不具有交叉性。

第二种情况，虽然人工判别为同属一个领域类别的定义，但是在两个定义句中，词语义项中义原的相似度过低，聚类计算结果表明句子的相似度过低，造成无法被聚成一个类别。例如：

> 禽流感是一种由甲型流感病毒的一种亚型（也称禽流感病毒）引起的传染性疾病。

> 亚健康是处于疾病与健康之间的一种生理机能低下的状态，亚健康状态也是很多疾病的前期症兆，如肝炎、心脑血管疾病、代谢性疾病等，亚健康人群普遍存在六高一低即高负荷（心理和体力）、高血压、高血脂、高血糖、高体重、免疫功能低。

"禽流感"与"亚健康"两个术语都属于医学术语，但由于两个定义句中，词汇之间语义相关度较低，义原的相似度过低，所以无法被聚合在一类。在前边章节谈到过，术语定义的语言表达形式与被定义术语之间不存在一一对应的关系，即一对多的对应关系时常会出现，也就是说，术语定义的语言形式可以是灵活多样的。定义可根据使用者的不同需求及不同的应用目标，侧重术语所描述概念的不同属性特征，从不同角度对被定义概念加以描述。

上面所列举的"禽流感"的定义与"亚健康"的定义由于语义相似度过低，造成无法被聚合为一类。如果我们将"禽流感"的其他语言形式的定义参与到聚类计算中，那么它与"亚健康"被聚合到一类的概率依旧很高。聚类算法的结果会受到某些定义形式的局限，造成句子相似度偏低，但聚类系统的整体有效性不会受到影响。

# 第四章

# 术语自动识别研究

## 第一节　术语缺乏位置信息

词语或句子在文本中所处的位置特征，在文本主题抽取、自动文摘等自然语言处理中是一项有用的信息。通过观察大规模术语数据库中术语定义的语言形式，我们可以发现术语在定义句中出现的位置非常灵活，也就是说，术语的位置并不固定。术语可以出现在定义句中的任何一个位置，即术语可以出现在句子的句首、句中、句末。在术语识别过程中，术语缺少必要的位置信息为识别系统提供支持作用。下文我们分别从术语出现在句首、句中、句末三种情况加以阐述。

1. 术语出现在定义的句首。例如：

蓝牙技术英文名字叫 Bluetooth Technology，是一种支持设备的短距离通信的无线连接技术。

中水主要是指城市污水或生活污水经处理后达到一定的水质标准，可在一定范围内重复使用的非饮用的杂用水。

物联网是一个基于互联网、传统电信网等信息承载体，让所有能够被独立寻址的普通物理对象实现互联互通的网络。

其中"蓝牙技术"、"中水"、"物联网"为术语。

2. 术语出现在定义的句中。例如：

用电子计算机来进行语言翻译处理的过程，又称为机器翻译（machine translation），它包括文稿接收、翻译、输出等，简而言之，也就是翻译的电子化。

作为一种复杂的有机大分子的组合，蛋白质包含碳、氢、氧、氮，通常还有硫、磷，是生命最基本的组成部分之一，是生物化学的主要研究对象之一。

作为遗传变异的主要物质，基因是 DNA 片段上的一个功能片段，是遗传信息的基本单位，是决定一切生物物种最基本的因子。

其中"机器翻译"、"蛋白质"、"基因"为术语，术语可能出现在定义句中除了句首与句末的任何一个位置。

3. 术语出现在定义的句末。例如：

将人工分离和修饰过的基因导入生物体基因组中，由于导入基因的表达，引起生物体性状的可遗传的修饰，这一技术称为转基因技术。

以增强人体吸入、输送以及与使用氧气能力为目的的耐久性运动就是有氧代谢。

国家以土地所有者的身份将土地使用权在一定年限内让与土地使用者，并由土地使用者向国家支付土地使用权出让金的行为叫作土地出让。

其中"转基因技术"、"有氧代谢"、"土地出让"为术语。

术语出现在定义句首的类型，在所有定义的语言形式中所占的比重最大。这是因为这类定义的语言形式简单、清晰、便于阅读和记忆。将最重要的信息置于句子的首位，符合人类的认知规律与认知习惯，同时有助于人们对概念的理解。术语出现在定义的句中和句末的形式虽然在总量上所占的比重不大，但也是常见的表达形式。

从以上的例子中我们可以看出，术语在定义句子中缺乏明显的位置信息。自然语言处理过程中，机器无法从一个定义句子中识别出哪个位置的词语可能是该句中被定义的术语。术语出现在句首和句末时位置固定，识别起来相对较为容易；术语出现在句中时位置灵活，识别起来难度最大。下面的例子阐述了术语出现在句中时，系统自动识别时遇到的困难。

用电子计算机来进行语言翻译处理的过程，又称为机器翻译（machine translation），包括文稿接收、翻译、输出等，简而言之，就是翻译的电子化。

该句使用系统制定的规则模板进行匹配时，就存在两种截然不同的匹配结果：

类型一，根据定义匹配模板 4 "CalledAs Term"（CalledAs：＝ 称 | 称作 | 称为 | 称之为 | 叫 | 叫作 | 定义为 | 被定义为 | 即 | 是 | 就是）进行匹配时，"机器翻译"被抽取出来作为术语。

类型二，根据定义匹配模板 5 "Term notes［主要］（包括 | 包含）"进行匹配时，"翻译的电子化"被抽取出来作为术语。

通过两种匹配模板的抽取方法，一个句子就出现了两个不同的被定义项，这显然是不符合术语命名中的单名性原则。术语位置信息的缺失使得如何使系统从这两个词语中，自动选择出正确的被定义项变得复杂，这也是术语抽取过程的难点之一。

# 第二节　术语的抽取

## 一　术语的语言学特征

术语是由词或词组构成的语言单位，是语言词汇的一个组成部分。术语是整个词语集合的一个子集，那么它首先必须是一个完整的语言单位，同时具有完整的语言学特征。术语在语言学特征方面，具有自己的特性，同时兼具其他普通词语的共性。术语的长度特征（Length Feature）、语法结构（Grammar Structure）、构词规则（Word Formation Rule）、词组构成规则（Phrase Formation Rule）、语用特征（Pragmatic Feature）等都应符合语言词汇的基本规律。

## 二　术语的粗抽取

### （一）匹配规则

匹配规则是从大规模术语语料库中，通过分析定义的语言形式和结构特点，人工给出定义项的构成规则和定义项的排除规则。术语定义的匹配规则与排除规则同第二章。

（二）粗抽取过程

在分词与词性标注的基础上，经过术语定义的匹配规则和排除规则，系统可以将定义项或含有候选术语的句子一并抽取出来，作为后续术语识别系统的输入。

术语的识别系统首先基于术语定义的匹配模板，从模板中抽取出所有候选位置的词序列，也就是抽取出＊位置的词串。

匹配模板如下：

1. 所谓　＊（是｜即）

抽取出"所谓"与"是"、"即"（或连同左边的逗号、括号）之间从左至右的词序列 $Word_1$，$Word_2$，$Word_3$，$\cdots$，$Word_n$。

2. CalledAs ＊，［它］（是｜即）

CalledAs：：＝称｜称作｜称为｜叫做

抽取出"称为"、"叫做"、"称"等与逗号、括号、"它"、"是"等之间从左至右的词序列 $Word_1$，$Word_2$，$Word_3$，$\cdots$，$Word_n$。

3. ＊（是｜即｜就是）

抽取出段落的开始，或者上一个句子结尾与"是"之间从右至左，或者从左至右双方向的词序列 $Word_1$，$Word_2$，$Word_3$，$\cdots$，$Word_n$。

4. CalledAs ＊。

CalledAs：：＝称｜称作｜称做｜称为｜称之为｜叫｜叫作｜叫做｜定义为｜被定义为｜即｜是｜就是

抽取出"称为"、"称之为"、"定义为"、"叫做"、"就是"等与该句句号之间从左至右的词序列 $Word_1$，$Word_2$，$Word_3$，$\cdots$，$Word_n$。

5. ＊［主要］（包括｜包含）

抽取出段落的开始，或者上一个句子结尾与逗号、括号或"主要"、"包括"、"包含"等之间从右至左的词序列 $Word_1$，$Word_2$，$Word_3 \cdots$，$Word_n$。

6. ＊［（＊）］（:｜::）

抽取出段落的开始，或者上一个句子结尾号与:｜::（或连同括号）之间的从右至左词序列 $Word_1$，$Word_2$，$Word_3$，$\cdots$，$Word_n$。

系统对词串抽取过程中的抽取方向的选择，即选择从左至右还是从右至左的方向，是根据词串与模板中的关键字的关联紧密度来决定的。本系统词串扫描方向的选择基于如下假设：一般意义上，离匹配模板关键字位置近的词语作为术语的可能性更大。如果模板中包含一个关键字，就以关键字为起点进行匹配。如果模板中有一个以上的关键字，则选择与术语序列更相关的关键字为起点进行匹配。

在模板 1 中，模板包含"所谓"与"是"两个关键字。一个术语紧邻"所谓"的概率大于它紧邻"是"的概率，所以术语候选序列与"所谓"的关联度大于与"是"的关联度，匹配的方向选择为从左至右。

在模板 2 中，一个术语紧邻"（称为 | 称为 | 叫 | 称）"的概率大于它紧邻逗号的概率。所以术语候选序列与"（称为 | 称为 | 叫 | 称）"的关联度大于与逗号的关联度，所以匹配的方向选择从左至右。

在模板 3 中，关键字是"（是 | 即）"，以关键字为起点，从右至左或者从左至右双向匹配。匹配向两个方向扩展都是可能的，同时出现的概率是相同的。例如：

> FTP 即文件传输协议，是 Internet 上使用非常广泛的一种通信协议，是计算机网络上主机之间传送文件的一种服务协议，FTP 支持多种文件类型和文件格式，如文本文件和二进制文件。

依据字串双向匹配的原则，"FTP"与"文件传输协议"都可被认为是候选术语。

在模板 4 中，关键字是"（称为 | 称之为 | 定义为 | 叫作 | 称 | 叫 | 即 | 就是）"，以关键字为起点，从左至右进行匹配。

在模板 5 中，关键字是"［主要］（包括 | 包含）"，以关键字为起点，从右至左进行匹配。

在模板 6 中，关键字为符号"： | ::"，以关键字为起点，从右至左进行匹配。

系统将通过上述方法抽取出来的每个候选位置的词序列都视为候选术语，作为后续识别处理的输入。

## 三　术语边界的确定

上面的操作步骤确定了术语抽取的扫描起点与扫描方向，在此基础上，系统还需要找到术语的边界（Term Boundary）。考虑到术语构词的长度特征，即术语的长度通常为 6 个词以下，我们截取从扫描起点开始，长度为 6 个词的词语粗边界。这一长度基本上能包含所有的候选术语的词长。该粗边界并非术语真正的边界，系统使用左右熵的理论与计算方法，在上述大边界范围内进一步确定术语真正的边界。

熵（Entropy）的概念来自热物理学，最先是在 1864 年由克劳修斯提出的。熵是能量分布均匀性的一种度量，用来表示任何一种能量在空间中分布的混乱程度。能量分布越混乱，熵就越小。当能量完全均匀分布时，熵最大，对应于系统的平衡态。熵这一概念首先应用在热力学中，之后在 1948 年由信息理论的鼻祖克劳德·艾尔伍德·香农第一次引入信息论中来，用以描述对信息的量化度量问题。熵利用数学语言阐述了概率与信息冗余度（Information Redundancy）的关系。香农指出任何信息都存在冗余，冗余大小与信息中每个符号的出现概率即不确定性有关。"熵"是对不确定性的度量，表示单个随机变量的不确定性的均值。熵的大小反映了系统所处状态的稳定情况，随机变量的不确定性越高，熵越高，其提供的信息量越大，能正确估计其值的概率越小。

令 $X$ 表示一个离散随机变量，其概率分布为 $p$：

$$p(x_i) = p(X = x_i)$$

定义 $X$ 的熵（或分布 $p$ 的熵）为：

$$H(X) = H(p) = \sum_i p(x_i) \log \frac{1}{p(x_i)} \tag{4-1}$$

熵值度量了随机变量所包含的信息量的大小，单位为比特（bit），取以 2 为底的对数。

本研究采用左右熵来反映词语的外部结构特征，从而确定术语的左右边界。左右熵在语言信息处理中是一个重要的统计特征，能反映出字串的上下文的活跃程度即它的衔接特征。当一个字串的左右熵都大于零时，表明与该字串共现的搭配对象形式非单一，使用上具有独立性，该字串可以被认定是个完整的语言单位，即是一个完整的词。左右熵的技术经常被用在未登录词语发现、术语抽取等领域。

定义 $X$ 的左右熵为：

$$H(X)\_ left = H(p\_ left) = \sum_i p\_ left(x_i) \log \frac{1}{p\_ left(x_i)} \tag{4-2}$$

$$H(X)\_ right = H(p\_ right) = \sum_i p\_ right(x_i) \log \frac{1}{p\_ right(x_i)}$$

$$\tag{4-3}$$

　　若有高频字符串 $c_1$，$\cdots$，$c_n$，如果该字符串向左和向右扩展都有很大的不确定性，则 $c_1$，$\cdots$，$c_n$ 是一个词。

　　例如，下面的一段文本中我们分别考察"非线性编辑"、"线性编辑"、"编辑"的左右临界的情况。

　　编辑数字视频数据称为非线性编辑技术。近年来非线性编辑已经有了很大的发展，得到了广泛的应用。应用计算机图像技术的非线性编辑，是在计算机中对各种原始素材进行各种编辑操作，并将最终结果输出到计算机硬盘、磁带、录像带等记录设备上，完成这一系列的工艺过程。进行非线性编辑时，只需要定下素材的长短并按连接的顺序编一个节目表，即可完成对所有节目的编辑，所以非线性编辑既省时又省设备，同时还能确保信号的质量。在非线性编辑的过程中，可以随时、任意选取素材，可以以交叉跳跃的方式进行编辑，无须对其后面的所有部分进行重编或者再次转录。专业级非线性编辑系统处理速度高，对数据的压缩小，因此视频和伴音的质量高。

　　"非线性编辑"的左临界有"为"、"来"、"的"、"行"、"以"、"在"、"级"。它的右临界有"技"、"已"、逗号（系统将标点符号也按一个字来处理）、"时"、"既"，"的"、"系"。

　　"线性编辑"的左临界有只有"非"一个字，所以它的向左扩展的可能性是确定的，它的左熵为 0。右熵与"非线性编辑"相同。

　　"编辑"的左临界有"性"、"种"、"的"，右熵与"非线性编辑"相同。

　　在这三个词语中，很显然"非线性编辑"的向左右扩展的不确定性最高，即该词的左右熵较大，成词的概率在词串中的概率最大。

　　下面就以"非线性编辑"为例，计算它的左右熵：

$$H(非线性编辑)\_right = H(p\_right)$$

$$= \sum_i p\_right(非线性编辑_i) \log \frac{1}{p\_right(非线性编辑_i)}$$

$$= 7 \times \left(-\frac{1}{7} \times \log \frac{1}{7}\right) \approx 0.85$$

$$H(非线性编辑)\_left = H(p\_left)$$

$$= \sum_i p\_left(\text{非线性编辑}_i) \log \frac{1}{p\_left(\text{非线性编辑}_i)}$$

$$= 7 \times \left( -\frac{1}{7} \times \log \frac{1}{7} \right) \approx 0.85$$

由于"非线性编辑"的左右出现的都为 7 个不同的词，而且出现的次数都是一次，所以它的左右熵是相同的。

依据同样的计算方法，我们得到计算结果见表 4 − 1。

表 4 − 1　　　　　　　　　　　左右熵计算结果

| 候选字串 | 左熵 | 右熵 |
| --- | --- | --- |
| 非线性编辑 | 0.85 | 0.85 |
| 线性编辑 | 0 | 0.85 |
| 编辑 | 0.41 | 0.85 |
| 非线 | 0.85 | 0 |
| 非线性 | 0.85 | 0 |
| 非线性编 | 0.85 | 0 |
| 线性 | 0 | 0 |

从上面的左右熵的计算结果中可以看出，在候选词串中，只有"非线性编辑"和"编辑"两项的左熵与右熵为非 0，具有成词可能，同时前者的左熵大于后者的左熵，右熵相同，所以前者的成词概率大于后者。我们知道"线性"与"非线性"也是完整的词语，但是由于我们所举的例子文本长度较短，即只介绍了"非线性编辑"的概念，所以这两个字串，不能被认定为合法的。如果在一个同时也介绍"线性"与"非线性"概念的文本中，通过左右熵的算法就可以将这两个词语识别出来。

如果一个字串的左熵或者右熵为 0，系统便将这样的字串过滤掉。例如通过左右熵的计算，可以将"磁共振技术"、"共振技术"、"振技术"等不完整的语言单元过滤掉，仅保留下字串"核磁共振技术"进入后续的处理。

## 四　术语的词性过滤

通过考察术语词性的特点，我们发现术语的词性或词性序列分布具有一定的内在结构规律。比如，我们发现"介词 + 名词 + 方位词"、"代词 + 名词"这些词性序列从未出现在合法的术语词性序列中，而术语的词性序列中"名词＋名词"、"名词＋名词＋名词"、"名词＋动词"、"动词＋名词"出现的概率较大。由此可见候选词串的词性或词性序列在术语识别的过程中，同样是一个有用的信息。识别系统可利用该信息，将不包含在有效词性序列内的词性序列过滤掉，这些词性或词性序列对应的词语相应地被过滤掉，不进入后续识别流程。通过词性信息进一步优化识别的准确度。

（一）对命名实体（Name Entity）的考察

在词性序列的考察过程中，命名实体的处理是一个难点。命名实体究竟是不是术语？学界不少研究者对此提出过不同的观点。有的认为术语与命名实体有着本质的区别，有的则认为命名实体是介于术语和非术语之间的词语。

学界一般认为术语是对一般概念（General Concept）的指称，不是特定概念（Specific Concept）的指称。命名实体包括人名、地名、机构名及其他所有以名称为标识的实体。由于命名实体是对特定所指的指称，不具有普遍的概念，而术语是对普遍概念称谓的集合，所以一般都不认定命名实体是术语，如"马云"、"中国"、"五道口"、"西门子"等一般不认定为术语。

我们对分词后的语料进行统计、分析后发现，虽然命名实体本身不是术语，但它可以是术语的一个组成部分。

我们知道，以人名命名的公理、定理、发明，以地名命名的自然现象、地理名词、生物物种及以机构名命名的条约、规章都是有效的术语。虽然该类术语在术语集合中所占的比例不高，但是在词性序列过滤的步骤中，系统不能将其忽略。表4－2、表4－3和表4－4分别列举了一些包含人名、地名、机构名的术语。

**表4－2　　　　　　　　　以人名命名的术语示例**

| 术　语 | | | |
|---|---|---|---|
| 牛顿定理 | 马尔可夫模型 | 摩尔定理 | 比尔-朗伯定律 |
| 马赫-曾德尔干涉仪 | 史密斯圆图 | 普朗克辐射定律 | 门捷列夫称量法 |
| 迈斯纳效应 | 约瑟夫逊效应 | 亥姆霍兹自由能 | 拉曼光谱分析 |
| 契伦科夫辐射 | 穆斯堡尔效应 | 莫洛坚斯基理论 | 弗里克剂量计 |
| 拉格朗日函数 | 奈奎斯特斜率 | 卡塞格伦天线 | 傅里叶变换 |
| 斯托克斯积分公式 | 笛卡儿坐标 | 贝威尔基天线 | 法拉第电流 |

续表

| 术　　语 | | | |
|---|---|---|---|
| 德拜席尔斯效应 | 布鲁斯特角 | 罗蒙诺索夫海流 | 丘克拉斯基法 |
| 布拉格反射 | 奈尔温度 | 恩格尔曲线 | 希格斯玻色子 |
| 香农熵 | 阿贝尔规范场 | 巴尼特效应 | 达朗贝尔原理 |
| 格林函数 | 塔尔博特效应 | 赛德尔光学 | 斯特林循环 |
| 霍尔效应 | 菲克定律 | 密勒指数 | 汤姆逊效应 |
| 外尔张量 | 库仑场 | 厄瓦耳变换 | 夫琅禾费衍射 |
| 祖率 | 贾宪三角 | 秦九韶公式 | 李善兰恒等式 |
| 黄鸣龙反应 | 彭桓武定理 | 杨张定理 | 刘徽原理 |
| 童非移位 | 吴国年转体 | 李宁交叉 | 程菲跳 |
| 马燕红回环倒立 | 莫慧兰空翻 | 刘璇单臂大回环 | 李小双十字 |

表 4-3　　　　　　　　　**以地名命名的术语示例**

| 术　　语 | | | |
|---|---|---|---|
| 埃博拉病毒 | 西伯利亚寒流 | 亚洲高压 | 厄尔尼诺现象 |
| 格林尼治时间 | 墨西哥湾暖流 | 北太平洋赤道潜流 | 南极鱼 |
| 非洲黑檀 | 北大西洋暖流 | 巴西红耳龟 | 砀山梨 |
| 瑷珲条约 | 尼布楚条约 | 南京条约 | 太平洋协定 |
| 内罗毕条约 | 黄埔条约 | 布达佩斯条约 | 吐鲁番葡萄 |

表 4-4　　　　　　　　　**包含机构名的术语示例**

| 术　　语 | | | |
|---|---|---|---|
| 联合国公约 | 联合国宪章 | 欧盟蓝卡 | 上海合作组织峰会 |
| 中国-东盟博览会 | 万国邮政公约 | 世界银行协定 | 欧盟认证 |
| 普通高校理事会规程 | 八国集团峰会 | 九三学社章程 | 南方共同市场杯 |
| 国际劳工组织公约 | 世界知识产权组织版权条约 | 中国互联网协会章程 | 国际海事组织公约 |

　　一般来说，以人名命名的术语的数量远远大于以地名、机构名命名的术语的数量。以人名命名的术语通常是一些理论、公理、现象的发明者、创造者。以地名命名的术语通常是该地域特有的生物、医学、自然现象或以该地为基准建立的标准和条约。以机构名命名的术语数量相对较少，类

型也较为单一，通常为该机构内部签订的面向机构全体成员的会议、章程、公约、条约。

由于命名实体可以为术语的一个组成部分，所以，系统在词性序列的过滤中保留命名实体所在的词序列。

（二）对数词的考察

统计中发现，有少数的术语的词性序列中包含数词，数词可以是术语的一部分（见表4－5）。

表4－5　　　　　　　　　　包含数字的术语示例

| 术 语 | | | |
|---|---|---|---|
| 一水氧化铝 | 一次流体 | 二极管 | 二次电子发射 |
| 二次电子传导 | 三倍长寄存器 | 四通管 | 四极质谱仪 |
| 四分之一平方乘法器 | 五氧化二磷 | 乳化五氯酚 | 五孔压油机 |
| 六甲基二十四烷 | 六氯化苯 | 潜望六分仪 | 十八碳二烯酸 |
| 十八烷酸 | 三个代表 | 四项基本原则 | 八项规定 |

包含数字的术语以化学、物理、计算机术语为主，也包括一些表现为短语或句子的缩略形式的惯用语术语。

（三）对标点符号的考察

有的术语包含标点符号，标点符号可能出现在术语的词性序列中。包含标点符号的术语大多是化学、物理术语，所含的标点符号仅限于点号、杠号、斜杠号、加号、冒号、&字符（意为"与"）（见表4－6）。

表4－6　　　　　　　　　　包含标点符号的术语示例

| 术 语 | | | |
|---|---|---|---|
| P-P | S. M. A. R. T | CD-R | P&D |
| O157：H7 型大肠杆菌 | M/8 倍速 DVD | PI-作用 | A-Buffer |
| Debye-Sear 效应 | S/MIME | THD + N | Hi-Fi |
| 等效连续 A-计权声压级 | V-Sync | I/O | AC-3 |
| HL-PBGA | TN + film | E-WDA | MRH-R |
| CD-ROM | SBP-2 | L-SAGIC | TCP/IP |

（四）对字母词的考察

所谓字母词（Letter Words），是指由拉丁字母、希腊字母等西文字母组成的或由它们与符号、数字或汉字组合而成的词。

字母词通常分为外来字母词（Loan Letter Words）与本土字母词（Native Letter Words）两类。外来词称为借词，是指从其他语言系统借用来的词语。外来字母词最常见的形式为英文首字母缩略词，如 ISO、WTO、GDP、CPI 等。本土汉语字母词通常使用西文字母，主要形式为汉语拼音字母词，如 HSK 、HSKK、RMB、GB 等。

在整个词汇集合中，字母词在数量上所占比重并不高，但其使用范围广泛、使用频率较高，影响力较大，近些年字母词的数量呈日渐上升的趋势。研究中我们考察了中国青年网（http：//www.youth.cn/）提供的计算机与网络领域常用的字母词，部分示例见表 4 - 7。

**表 4 - 7　　　　　　　计算机与网络词汇中的字母词示例**

| 术　语 | | | | | | | | | |
|---|---|---|---|---|---|---|---|---|---|
| ACL | ADSL | ALC | API | ARP | ASP | ATM | BBS | BGP | BIOS |
| CD | CD-R | CGI | CIX | CMOS | COM | CRT | CSS | CSU/DSU | DAO |
| DBMS | DDE | DHCP | DLC | DNS | DSL | DVD | EGP | FAT | FDDI |
| FTP | GDI | GUI | HCL | HPFS | HTML | HTTP | HUB | ICMP | ICQ |
| IDE | IE | IGMP | IGP | IIS | IMAP | IP | IPC | IPX | IRC |
| IRQ | ISDN | ISP | LAN | LFN | LPC | MACOS | MAPI | MIME | MP3 |
| MODEM | MPR | MSN | MUD | NDIS | NFS | NIC | NNTP | OA | ODBC |
| OO | OS | OSI | OSPF | PBX | PCI | PCS | PDA | PDC | POP |
| POST | P-P | PPP | PPTP | TFTP | RAM | RAS | RDF | RIP | ROM |
| RPC | RSA | SACL | SCSI | SID | SLIP | SMTP | SNMP | SQL | SSL |
| S/Key | TCPDUMP | TCP/IP | UDP | UNIX | UPS | URL | UUCP | VDM | VPM |
| VRML | WAN | W3C | WSDL | WWW | XML | | | | |

在科技领域中，字母词所占的比重越来越大，尤其在技术进步较快的领域，字母词的增长速度更为显著。本研究仅仅选取了在计算机与网络词汇词表中的一部分进行统计，在被统计的 785 个词语中，字母词达到 124 个之多，所占比例为总词语的 15.8%。随着新技术与新理论的蓬勃发展，该领域字母词的比例将会不断增长。

## 五　术语词性序列的统计

术语词性序列表的制定，通常可采用人工与统计两种方法。通过人工制定出所有允许出现的合法词性序列表。如同所有模板匹配规则的制定一样，手工书写词性序列表不仅是一项费时、费力的工作，且会受到编写者主观人为因素的影响，导致规则的涵盖范围很难完备，这也是人工编写规则难以克服的局限性。因此我们借助于术语数据库语料，依据统计的方法获取术语的词性序列。

系统首先将术语数据库作为训练语料，将语料中的术语进行分词和词性标注。由于训练语料中有一些术语属于未登录词语，在分词的过程中这些词表以外的词被切碎，在统计术语词性序列时，会造成统计错误。我们将统计结果进行人工校对之后，统计出术语内部的词性序列。系统基于获取的词性序列信息过滤候选术语。我们一共从术语语料库中统计出125种词性序列组合。由于所占比例较小的词性序列，用百分比不易表示，所以我们对某一词性序列组合在所有有效术语词性组合中所占的比例做如下处理：

$$POS_{i\_}\ percent\ =\ -\ Log\ \frac{Count_i}{TotalCount} \tag{4-4}$$

式中 $POS_{i\_}\ percent$ 为词性序列 $i$ 在所有统计到的词性序列中所占的比重，$count_i$ 为词性序列 $i$ 出现的频次，$TotalCount$ 为所有词性序列的频次总和。

从统计结果来看，$n+n$、$n$、$v+n$、$n+n+n$、$v$、$v+g$、$a+n$、$b+n$ 为术语短语最常见的词性序列（依据北大标注集 $n$ 为名词、$v$ 为动词、$g$ 为语素、$a$ 为形容词、$b$ 为区别词）。

区别词（Distinguishing Word）表示人和事物的属性、等级的词。这些属性通常具有对立的特性，所以区别词经常以成对或成组的形式出现。《现代汉语词典》（第5版）标注的区别词共有550个，我们从术语语料中统计到的常用术语区别词见表4-8。

**表4-8　　　　　　　　术语中常用区别词示例**

| 术语中常见区别词 | | | | | | | | | |
|---|---|---|---|---|---|---|---|---|---|
| 男 | 女 | 雌 | 雄 | 公 | 母 | 正 | 负 | 单 | 双 |
| 急性 | 慢性 | 高级 | 初级 | 高频 | 低频 | 高速 | 低速 | 长期 | 短期 |

续表

<table>
<tr><td colspan="10" align="center">术语中常见区别词</td></tr>
<tr><td>大幅</td><td>小幅</td><td>多边</td><td>双边</td><td>单边</td><td>大规模</td><td>小规模</td><td>主要</td><td>次要</td><td>双向</td></tr>
<tr><td>单向</td><td>巨型</td><td>大型</td><td>小型</td><td>微型</td><td>良性</td><td>恶性</td><td>同步</td><td>异步</td><td>阳性</td></tr>
<tr><td>阴性</td><td>西式</td><td>中式</td><td>有偿</td><td>无偿</td><td>固态</td><td>液态</td><td>气态</td><td>动态</td><td>静态</td></tr>
<tr><td>军用</td><td>民用</td><td>绝对</td><td>相对</td><td>有限</td><td>无限</td><td>显性</td><td>隐性</td><td>有形</td><td>无形</td></tr>
</table>

　　区别词是从传统词类划分中脱离出来的一类特殊词，具有区分事物特性的特有分类功能。从语法特征角度分析，区别词一般出现在名词或名词短语前，可不带"的"，修饰所指对象的等级特征和属性。区别词只能充当定语，不能充当谓语。区别词不能作谓语是其与形容词最显著的区别，所以区别词有时也被叫作非谓形容词或属性词。区别词是黏附性较强的黏着成分，与所修饰的词汇之间存在着密切的语义结构关系，其内部结构对功能有重要影响。

　　在进行术语词性序列统计之前，我们没有预测到区别词出现在词性序列中的频次会如此之高。区别词经常是特定专业领域内的专用词语的一个组成部分。区别词在术语的词类构成中的比例之高也恰好验证了术语凸显对属性描述的特征。

　　表4-9为一些术语的高频词性序列示例。

**表4-9　　　　　术语词性序列占总术语词性序列的比例示例**

| 词性序列 | 比例（%） | 示例 |
|---|---|---|
| $n+n$ | 10.23 | 数据库模式　数据结构　图形界面　光驱倍数　管道元件　电压互感器　表面电阻率　多媒体单元 |
| $n$ | 8.47 | 参数　平台　协议　硬盘　质子　内存　芯片 |
| $v+n$ | 5.88 | 压缩强度　程控机床　控制指令　输出格式　预制构件　引导文件　监督程序 |
| $n+n+n$ | 3.84 | 数据信息交换机　图形用户接口　算数逻辑单元　字母数字字符　工业标准架构　数据终端设备　向量排列单元 |
| $n+v$ | 2.61 | 电力牵引　电子模拟　数据传送　基因突变　指令引退　内存唤醒 |
| $v+g$ | 2.39 | 分辨率　换热器　决策量　扫描仪　灵敏度　网络化　迭代法 |
| $b+n$ | 1.9 | 高速缓存　液态硬盘　局部变量　微型计算机　相对密度　高频发生器　低级语言　动态聚焦　单边连接器 |
| $a+n$ | 1.87 | 平衡语料库　垂直扫描　智能描影　关键路径　慢查询　软阴影 |

在大规模的术语数据库中拟声词、代词、处所词、成语、叹词、语气词、时间词、状态词都没有被统计到。因此术语识别系统使用术语的词性信息，在抽取出候选术语项之后，对其词性序列进行过滤。如果一个词语的词性序列中包含上述词性，则不再参与后续的识别计算过程，系统将它们直接过滤掉。

# 第三节　候选术语的统计特征

通过考察语料库，我们还可以发现，如果某个术语出现在一篇以它为主题的文本或段落中，那么一般而言，该术语在文本中的出现频率都会大于1，即至少该术语出现不止一次。事实上，除停用词以外，与文本中其他词语相比，被定义项的词语通常为文本的主题或关键词，为了突出文本主题的重要性，通常其出现频率远远要高于文本中的其他词语。

在文本分析研究中，高频字串普遍被认为是一个固定的、有意义的语言单位。由此我们可以提出一种假设，一个候选术语与它出现的频次成正比，字串出现的次数越多，它作为术语的可能性就越大。通过这一假设，我们将术语识别与高频字串的频次关联起来，将字串的频次信息运用到术语识别系统中。

## 一　术语的用词长度特征

包含在术语中的单词数叫作术语的长度（Term Length）。根据术语的用词长度，可以将术语分为单词型术语与短语型术语两种类型。单词型术语的长度为1，短语型术语的长度大于1。

1. 单词型术语（Single-Word Term），即由单个词构成的术语，如"电路"、"比率"、"数据"、"协议"、"内存"等。

2. 短语型术语（Multi-Word Term），即由多个词组成的术语，如"程序设计"、"逻辑运算"、"反作用式振动发生器"、"虚拟局域网"、"程序设计语言"等。

在术语集合中，短语型术语的数量远远大于单词型术语的数量。冯志伟先生在术语数据库的开发与研制中发现在一个术语系统中术语系统的经济指数（Economic Index）与术语平均长度（Average Length）的乘积恰恰等于术语构成频度之值，并提出了"FEL 公式（Economic Law of Term Formation）"来描述这个定律。FEL 公式指出在一个术语系统中，提高术语系统经济指数的最好方法是在尽量不过大地改变术语平均长度的前提下，增加单词的术语构成频度。

用公式来描述如下：

$$Economicindex \times Averagelength = Termfrequency$$

$$Economicindex = \frac{Termfrequency}{Averagelength} \qquad (4-5)$$

式中，*Economicindex* 为术语系统的经济指数，*Averagelength* 为术语的平均长度，*Termfrequency* 为术语构成频度。

FEL 公式体现了语言中的省力原则和经济原则，这就是术语形成的经济律，被看作数理语言学中齐夫定律（Zipf's Law）的新发展。FEL 公式也验证了在术语形成的过程中，短语型术语的数量大大地超过单词型术语的数量。

术语的经济率并不说明术语的长度可以不受任何限制，也并不是表明术语的长度越长越好。冯志伟先生指出："术语一般不宜过长，过长的术语往往不便推广，而且常常导致省略，使得表达含混，结果适得其反，事与愿违。"可见术语的长度有其特定的规律。有关 FEL 公式的实验数据也验证了其正确性。

张普（2001）报告的数据是：中文术语主要是 2—6 个字，该组术语的比重共占 76.9%，其中四字术语比重最大，约占总数的 24%，而且在六字以下的术语中，两字术语多于单字术语，四字术语多于三字术语，六字术语要多于五字术语，一字、三字、五字术语占总数的 23.84%，二字、四字、六字术语占到总数的 53.87%。

李芸（2002）报告的术语长度从 1—20 不等，其中以四字、五字、六字术语为最多，占总数的 63.052%，其中四字术语的比例为 26.1813%，五字术语的比例为 18.9775%，六字术语为 17.8932%。

曾炜（2003）报告的数据为：在新产生的词语中，多音词占明显优势，双音节词占 26.82%，三音节词占 26.82%，四音节词占 30.42%，五音节词占 8.19%，六音节以上词占 7.74%。

邢红兵（2000）的统计与上述统计基本相同，他认为术语长度分布主要集中在 4—6 个字，约占 63%。

昝红英（2003）的报告数据为，在术语数据库 GLOT-C 中，词组型术语占总数的 75.17% 。

　　穗志方（2002）报告的情况是，单词型术语所占比例为 26%，短语型术语所占比例为 74%，并预计新生术语大部分应该是短语型的，还有一些是"语素或词 + 词缀"构成的单词型术语。

　　以上的统计数据充分证明了术语形成经济率的科学性。

　　从科技发展与知识系统的层级性、规范性与连贯性的角度而言，新术语所代表的概念多数都不是凭空产生或孤立存在的，而是基于原有事物或概念的基础上产生、发展，并与之紧密相关的。术语的构词规律也体现了这一特征，在构词规则中，大量新术语的产生是在原有术语的基础上通过搭配、组合或通过添加新的部件构成的，从而与术语系统中，尤其是本领域内相关的其他术语保持着某种语义或层级关系。

　　本研究使用的术语数据库包含 328158 条术语条目，分词之后我们统计了不同词长的术语在术语集合中的比例见表 4 - 10。

**表 4 - 10　　　　　　　　　不同长度的术语所占的比例**

| 术语长度（词） | 条目个数 | 比例（百分比） | 示例 |
| --- | --- | --- | --- |
| 1 | 18516 | 5.64% | 导体　芯片　激光　信号　电路　像素 |
| 2 | 71570 | 21.81% | 光电导体　固态硬盘　单板计算机　数据路径　分支预测　局域互联 |
| 3 | 78703 | 23.98% | 非连通网络　计算机辅助教学　快速执行引擎　分段数据单元　电压识别认证　内存管理单元 |
| 4 | 85086 | 25.93% | 瞬间自动增益控制　统一系统监测管理　多重散光聚焦系统　快速启动能源状态　动态视频内存技术　有机球状网阵排列 |
| 5 | 39411 | 12.01% | 横向长度伸缩振动模式　面向问题程序设计语言　事件概率回归估计技术　增强型扩充身份辨识数据　超级智能音频集成电路　数字平面显示标准工作组 |
| 6 | 32996 | 10.05% | 多节目静止图像广播系统　气体未完全燃烧热损失　通用分配存取控制媒体基准　视频电子标准协会局域总线　折叠电子内存模块装配技术 |
| 6 以上 | 1876 | 0.57% | 无缺口试样简支梁冲击强度　行地址到列地址控制器延迟时间 |
| 合计 | 328158 | 100% | |

　　从表 4 - 10 中可以看出，术语的长度一般以 2、3、4 个词居多，这几类术语一共占到术语总数的 71.72%。绝大部分的术语的长度都集中在 1—6 个词，长度大于 6 个词的术语的比例仅有 0.57%。从表 4 - 10 中给

出的术语示例不难看出，当术语长度大于 6 个词时，会对使用者的阅读、理解、记忆及术语的普及、推广造成很大的障碍。术语的长度特征也为术语定名提供了一定的指导意义。术语学家与领域专家在术语命名过程中，在考虑术语形成经济率的基础上，也要兼顾术语的规范性、可读性、易用性、实用性等各个因素。

考虑到识别效率与计算复杂度的因素，本研究中的术语识别系统将最大候选词长设定为 6 个词，长度大于 6 个词的术语不再进入后续的计算过程。

## 二　候选术语的长度与词频计算

在处理候选术语的长度与词频过程中，系统将候选术语分为非嵌套词语与嵌套词语两类，分别采取不同的计算方法。

### （一）非嵌套词语的处理

若有候选项 Term = $Word_1$ , $Word_2$ , $Word_3$ , ... , $Word_n$（ $n \leqslant 6$ ）

所谓非嵌套词串 （Non-Nested Word），指的是 Term 中只有母串 $Word_1$ , $Word_2$ , $Word_3$ , ⋯ , $Word_n$（ $n \leqslant 6$ ） 在文本中有候选定义。

非嵌套词语又分以下两种情况。

1. Term 为单词型词语。

例如，"硬盘"、"内存"、"显示器" 等。单词型术语的长度为 1 个词，不可被再切分为其他词语，其本身是母串，也是子串，该类术语不可能存在嵌套现象。

2. Term 为词组型词语，但只有一个关于字符串 $Word_1$ , $Word_2$ , $Word_3$ , ... , $Word_n$（ $n \leqslant 6$ ） 的定义。

从上边的界定规则中可以看出，作为非嵌套术语，必须具备以下两个条件。首先候选词的长度等于 1 个词，即是单词型词语。其次，在一个给定文本中只有母串即该词串本身有定义，而不包含其子串的定义。

例如，一篇文本中包含 "移动硬盘"、"液晶显示器"、"开放式基金" 的定义，而不包含 "硬盘"、"显示器"、"基金" 的定义。在这种情况下 "移动硬盘"、"液晶显示器"、"开放式基金" 都属于非嵌套词语。

我们发现，在对非嵌套词语的长度处理中，词语的长度在计算中起到了过大的作用，为了削弱其影响，我们将其取底数为 2 的对数。

if　Length ＞ 1

$$Score = \log_2(Length \times Count)$$

$$If \quad Length = 1$$

$$Score = Coefficient \times Count \tag{4-6}$$

式中 $Score$ 为候选术语的得分，$Length$ 为候选项的长度，$Coefficient$ 为调节系数，作为一个惩罚因子，$Count$ 为候选项在文本中的出现频次。通过调节系数实验发现，当系数取值为 0.075 时，系统的准确率最高。

（二）嵌套词语的处理

如果候选项为嵌套词串，它需要满足以下条件：

$Term$ 是一个长度大于 1 个词的词序列，同时该词序列的母串和它的子串都有候选定义。例如，有如下一段文本：

核酸是一类携带遗传信息和指导蛋白质生物合成的大分子化合物，是细胞的主要成分，它包括核糖核酸（RNA）和脱氧核糖核酸（DNA）两种。核糖核酸（缩写为 RNA，即 Ribonucleic Acid），是存在于生物细胞以及部分病毒、类病毒中的遗传信息载体。脱氧核糖核酸（DNA，为英文 Deoxyribonucleic Acid 的缩写），又称去氧核糖核酸，是染色体的主要化学成分，同时也是组成基因的材料。有时被称为"遗传微粒"，因为在繁殖过程中，父代把它们自己 DNA 的一部分覆制传递到子代中，从而完成性状的传播。

上文中"脱氧核糖核酸"为母串，"核糖核酸"与"核酸"为子串。文本中"脱氧核糖核酸"、"核糖核酸"、"核酸"都有候选定义。这时词串"脱氧核糖核酸"、"核糖核酸"就是嵌套词语，而"核酸"就是非嵌套词语。

针对嵌套词语的处理，我们采用 Katerina T. Frantzi 的方法，定义母串平均词频 $Aver\_parent$ 这一概念为：

$$Aver\_parent = \frac{Sum\_parent}{Type\_parent} \tag{4-7}$$

其中 $Aver\_parent$ 为母串平均词频，$Sum\_parent$ 为所有母串出现的频次之和，$Type\_parent$ 为母串类别的个数。

所谓母串就是嵌套词语的母串，即 $Word_1$，$Word_2$，$Word_3$，$\cdots$，$Word_n$，母串平均词频就是所有母串的长度之和与母串类别的商。

例如，一篇文本中出现词语"不饱和脂肪酸" 6 次、"饱和脂肪酸"

10 次、"脂肪酸" 15 次，那么在这篇文本中"不饱和脂肪酸"与"饱和脂肪酸"都为"脂肪酸"的母串，这时母串平均词频就为 8 次。

在嵌套型词串中，子串或单独出现，或作为母串的一个组成部分出现。在计算词频时，统计到的子串的频次并非真实的频次，因为可能把包含它的母串的频次也加了进来，这时我们需要对嵌套型词串的词频进行处理，来降低子串的词频，我们使用一个简便的方法：

每个子串的频次为 $Frequency - Aver\_parent$，即用统计到的子串的总词频减去母串的平均词频。该算法虽然略微粗糙，但计算简单，又能比较好地解决嵌套词语的频次问题。

最后，我们使用如下公式进行计算：

$$Score = (frequency - aver\_parent) \times \log_2 length \qquad (4-8)$$

即最终得分为子串词频减去母串平均词频与词语长度取底数为 2 的对数的乘积。

### 三　候选术语的最后得分

我们可以观察到这样的现象，将一个术语从给定的句子中识别出来，除了术语本身所包含的语言形式、词语长度、词性、语义等信息以外，其上下文信息对辨别术语也能起到重要的指示作用。术语所在的上下文信息大到可以是术语所在的文本，小到可以是术语所在的段落、句子、左右临接词语。研究中我们限定术语的上下文环境为术语所在的句子。例如：

数字电视（DTV）是指从电视节目采集、录制、播出，到发射、接收全部采用数字编码与数字传输技术的新一代电视，在数字技术基础上把电视节目转换成为数字信息，以码流形式进行传播的数字形态，综合了数字压缩、多路复用、纠错掩错、调制解调等多种先进技术的电视。

该句为"数字电视"的定义，定义中包含的除去被定义项以外的词语如"电视"、"采集"、"录制"、"播出"、"发射"、"接收"、"编码"、"传输"、"信息"、"节目"、"码流"、"传播"、"压缩"、"多路复用"、"纠错掩错"、"调制解调"等词语都对识别"数字电视"提供了支持。利用这些信息能够明显提高术语识别的准确率。

若一个术语 Term 出现在这样一个句子中：Sentence = $Word_1$，$Word_2$，$Word_3$，…，Term，…，$Word_n$

那么我们认为这个句子中的每一个词语 $Word_1$，$Word_2$，$Word_3$，…，$Word_n$ 对于识别 Term 都有一定的贡献。

对比以下两个句子：

> 高速宽带信息网是指信息通道的频率上下限范围较大，能以相对高速传递信息，包括语音、数据、图像、活动图像等信息的各类网络。

> 天空是那么晴朗，有各种形状的白云飘在蓝天上，阳光洒满了大地，微风吹拂在脸颊上，一切都是那么清新与美好。

第一个句子中"宽带"、"信息"、"频率"、"传递"、"语音"、"数据"、"图像"、"网络"这些词语的定义隶属度远远高于第二个句子中的词语"天空"、"白云"、"蓝天"、"阳光"、"大地"、"微风"、"脸颊"的定义隶属度。

通过句子的定义隶属度计算，显然第一个句子中的定义隶属度要高于第二个句子的定义隶属度，也就是说，一个存在于定义隶属度高的句子中的词语，且出现的位置与定义模板中术语的位置相一致，那么它作为术语的概率大于一个存在于定义隶属度低的句子中的词语。例如"高速宽带信息网"作为术语的概率也明显高于"天空"作为术语的概率。

由于候选术语所在的句子作为定义的概率与候选词语作为术语的概率都对最后的术语识别起到了一定的支持作用，所以我们将候选词语所在的上下文环境得分与候选词语作为术语的概率得分相乘，得到术语识别系统的最后得分。

$$FinalScore = Score \times S\_ def \qquad (4-9)$$

式中 FinalScore 为术语识别系统最后得分，Score 为候选词语作为术语的概率得分，$S\_ def$ 为术语所在句子的定义隶属度。我们将识别系统最后得分的阈值设定为 0.7，分值在 0.7 以上的词语认定为术语，阈值以下的词语判定为非术语。

# 第四节　过滤词表的构建

## 一　术语识别过滤词表构建的必要性

经过术语识别的粗抽取和精抽取过程，我们发现一些和模板中的关键词共现的高频词仍无法被过滤掉。观察真实语料，我们发现"一般形式"、"主要任务"、"关键技术"、"关键问题"、"基本思想"、"主要步骤"、"核心内容"、"核心技术"等词经常与模板中的关键词共现，使用范围广泛且出现频率极高。例如：

> 主要任务就是对数据通信、硬件系统、软件系统、数据资源以及安全产品的测试。
> 关键技术是如何将核磁共振技术应用在医学研究上。
> 基本思想是通过离磁性表面很近的写头，由电磁流来改变极性方式被电磁流写到磁盘上。
> 核心内容是指具有分化其他种类细胞能力的细胞，同时具有自己复制增生能力的细胞。
> 中心思想主要包括一种关系，这种关系使一个集合里的每一个元素对应到另一个集合里的唯一元素。

上述列举的句子，系统经过句子的定义隶属度与向量空间方法的计算之后得分都很高，即这些词语作为术语定义被抽取出来的概率很高。

使用上述的统计方法，我们将"主要任务"、"关键技术"、"基本思想"、"中心思想"、"核心内容"等词语抽取出来了。这是因为这些词语本身常常是高频字串，经常会出现在多个专业领域中的术语定义中，且出现频率较高，同时它们与定义匹配模板中的词共现的概率也很高，且和模板中的词语结合紧密，关联度很高。在统计方法的计算中，考虑到频次的因素，这些常用词语搭配往往最后的得分更高，从而易被系统抽取出来，影响了识别系统的准确率。

在实验结果分析过程中，我们发现短语中被切碎的字串，对识别结果也会产生一定的影响。

我们在 482KB 大小的文本上进行测试，字串"种情况"出现的次数竟高达 46 次之多。由于出现频次极高，同时如果该短语所在的句子定义隶属度较高，那么被切碎的字串"种情况"极易被当作术语错误地抽取出来。测试语料中包含"种情况"的词串统计到的分别有：

"这种情况"、"一种情况"、"二种情况"、"三种情况"、"六种情况"、"某种情况"、"几种情况"。

相似的错误还有"种方法"，在 482KB 大小文本中，该字串出现 22 次之多，分别有："三种方法"、"这种方法"、"二种方法"、"每种方法"。

在 604KB 大小的测试文本中，由于专业文献中配图较多，所以"图1"、"图 2"、"图 3"、"图 4"这些加冒号的字串，出现的次数竟达 228 次之多。句子结构与定义模板"Term ∗"匹配上之后进入了后续的计算过程，由于它的频次特别高，所以也极易被抽取出来。

"上讲"这样的字串也经常会出现在领域性较高的文本中，且出现频率较高。例如，我们统计到的与"上讲"高频共现的字串有：

"根本上讲"、"意义上讲"、"广义上讲"、"概念上讲"、"本质上讲"、"核心上讲"、"理论上讲"、"层面上讲"、"角度上讲"、"微观上讲"、"宏观上讲"、"形式上讲"、"逻辑上讲"等。

如上所述，当一段文本是针对某个图表加以说明、解释时，或者当测试文本为某领域的学术论文时，一般来讲，涉及的句子的定义隶属度普遍都较高。如果一个句子中包含模板关键字，这个句子中的某个词的出现频次又达到了一定的阈值，并且是术语的有效词性序列，且不是高频停用词表里的词语，那么这样的词语被系统抽取出来的概率较高。同时，由于术语在定义句中缺乏固定的位置信息，如果不将这些术语定义中的高频词语排除出去，很容易造成一个定义句子中，被抽取出的词语不止一个。一方面被抽取出来的字串并非真实的术语，另一方面显然也不符合术语应具有单名、单义的原则。基于上述分析，我们构建术语识别专用的过滤词表，将上述的词语或者字串过滤掉。

### 二 过滤词表的构建

本系统过滤词表的构建使用统计加规则的方法。我们采用 200 篇文本进行训练。从这 200 篇测试文本中进行术语抽取,并计算抽取出来的每个术语的文档频率 DF (Document Frequency)。文档频率是指包含某个词语的文档个数占总文档的比例。系统将文档频率值高于某个阈值(取 12% 经验值)的词语加入过滤词表。通过词表的过滤,可将"情况"、"条件"、"方法"、"原则"、"理论"这些经常出现在定义中的高频普通词语过滤掉,同时对于 DF 值大于阈值的词语再次经过人工判别,把能作为术语的词语保留下来作为后续处理的输入。

## 第五节 术语识别系统结构与实验结果

术语识别系统结构如图 4 – 1 所示。评测指标选用准确率与召回率,具体如下。

#### 1. 准确率

表示抽取出来的正确术语的数目在抽取出的术语总数中所占的比例,计算公式如下:

$$P = \frac{\text{抽取出的正确术语的数目}}{\text{抽取出的术语总数}} \times 100\% \qquad (4-10)$$

#### 2. 召回率

表示抽取出的正确术语的数目在标准结果的术语总数中所占的比例,计算公式如下:

$$R = \frac{\text{抽取出的正确术语的数目}}{\text{标准结果中术语的总数}} \times 100\% \qquad (4-11)$$

我们从 2000 年到 2013 年的《计算机学报》、《计算机应用》、《计算机工程与科学》、《计算机研究与发展》四种学术期刊中的部分文本中进行术语抽取的实验,测试语料的大小为 15MB。共抽取出术语 271 个,经过人工校对,正确的术语为 237 个(部分结果参见附录五)。召回率的计算,本书使用 1/10 上述测试文本进行人工判定。识别出的正确的术语为 106 个,实际的术语为 119 个。实验的准确率达到 87.45%,召回率达到 89.08%。

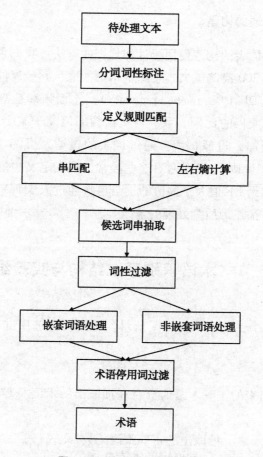

**图 4 - 1 术语识别系统结构**

系统从上述实验语料的文本集合中抽取出来的术语示例见附录五表1。

# 第六节 实验结果分析

## 一 定义匹配模板的局限性

考虑到术语尤其是新术语定义的召回率问题，研究中已将术语定义的规则匹配模板设定得相对较为宽松，但是由于语言表达形式的多样性与灵活性，以及网络文本的非规范性与随意性，仍会有一些术语的定义形式无法与模板相匹配，所以无法被抽取出来。

我们的术语识别策略是建立在定义模板基础之上的，也就是说，如果术语定义无法被抽取出来，那么相应地就会造成定义句中的术语无法被识别出来。

### 二　句子定义隶属度过低

在分析抽取结果的过程中发现有些词语确实是术语，并且该术语所在的句子也能与定义规则模板相匹配，但这些词语却无法别识别出来。这是因为该类术语所在的句子中包含的其他词语的定义隶属度比较低，而句子的定义隶属度又是建立在句中词汇的定义隶属度之上的。由于定义句子中除了被定义项以外，其他词语的定义隶属度过低，造成该句的定义隶属度较低，进一步影响到最后术语的得分，造成该术语无法被抽取出来。例如：

> 域名是 Internet 上用来替代网站的专用名称，与我们熟悉的地址、门牌号相似。
>
> 掌中宽带是基于中国联通优质 CDMA1X 网络提供的高速无线互联网接入服务，只要 CDMA 手机能够打电话的地方，您就可以随时随地无线畅游互联网，它突破了传统的只有连线才能上网的概念，创造了全新的工作和生活方式，使您摆脱时间、地域的限制，随时随地无线沟通。

在第一个句子中，"域名"为术语，所在句子也符合术语定义的规则模板，但由于它所在的定义句子中其他词语如"名称"、"我们"、"熟悉"、"门牌"等出现在术语定义中的概率很小，所以在计算整个句子的定义隶属度时，最后的得分很低。由于我们的术语抽取技术是构建在术语定义的基础之上的，所以"域名"最后的得分低于阈值，造成无法被正确识别出来。

同理在第二个句子中，由于定义较长，句子包含的大多数词语的定义隶属度极低，造成整个句子的定义隶属度分值在阈值之下，无法被识别为合法的术语定义，所以句子中的术语也无法被识别出来。

实际上，该类术语抽取失败也恰好验证了给术语下定义时，须使用规范、严谨、领域特征明显的词汇这一原则。定义隶属度低的词汇通常在通用领域使用广泛，但专业性差、领域辨别度低，一般被认为不适合出现在术语定义中。给术语下定义的这一原则对于术语普及、推广与术语统一及术语标准化工作都是极为重要的。

### 三  其他情况

实验结果的分析发现网络文本的书写形式的因素也同样会造成术语无法被识别的现象。例如：

> Active Sever Pages（ASP，活动服务器页面）就是一个编程环境，在其中可以混合使用 HTML、脚本语言以及组件来创建服务器端功能强大的 Internet 应用程序。

在实验结果分析中发现，通过对该定义项的抽取，系统只能识别出英文词串"Active Sever Pages"为术语，而该句中的字母词术语"ASP"则无法被抽取出来。这是因为系统的匹配模板无法识别括号里面的成分。通常意义上，括号里的内容多为辅助信息对前述项做补充、说明，一般不认为这类补充项包含句子的主题内容。如果将上述的句子改为下述表达，"ASP"则可以被识别出。

> ASP（Active Sever Pages，活动服务器页面）就是一个编程环境，在其中可以混合使用 HTML、脚本语言以及组件来创建服务器端功能强大的 Internet 应用程序。

对比上述两个定义，可以看出上述两句虽然在表达形式、语序排列上略有不同，但内容完全相同，只是将括号内与括号外的词语位置加以调整，但系统最终的抽取结果并不相同。

术语识别系统的方法直接受词频因素的影响，词频越高，那么该词作为一个稳定的语言单位的概率越大。目前我们的系统只能实现对在文本中出现频次大于1的术语的识别。这是因为在一个文本中只出现一次的词语，一般不可能是文本的主题或重点内容，其出现形式也仅仅为使用性出现，而非定义性出现。如果术语在文本中只出现一次，系统将无法将其正确识别出来。

# 第七节　本章小结

　　本研究采用规则加统计的方法进行术语的识别。纯统计的方法如利用互信息、隐马尔可夫模型的计算方法，处理文档集合的时间复杂度过高。本研究的策略是先确定候选术语所在的句子这样一个大边界，即考虑到术语的上下文语言环境，再使用统计的计算方法将术语从所在的句子中识别出来。系统将术语的识别与术语定义句的抽取关联起来，同时建立这样一个假设：如果候选词所在的句子的定义隶属度高，那么候选词作为术语的概率就高，系统将会给该候选词赋予一个较高的权重。通过对候选词串抽取起点与抽取方向的选择、左右熵的计算、嵌套与非嵌套两种词语的词频与词长的计算，以及词性序列过滤的一系列方法，最终实现术语的识别。

　　由于术语自动识别系统是建立在术语定义抽取基础之上的，所以该方法只能识别出以定义形式出现的术语，即只能识别出定义句中的术语。如果一个术语出现在一篇文本中，该文本里没有对该术语的定义性的解释或描述，那么该术语就无法被系统抽取出来。

　　传统对术语的界定方法通常强调术语是表示概念的称谓的集合。这种界定方法从语言信息处理的角度来说，可操作性较低，也无法突出文本中多次出现、被着重强调并以定义形式描述的词语。如果一个词在一段文本中与其他词语相比，出现频率高，且存在定义形式的描述，我们则可以认定这类词语可能是段落或文本的主题。识别系统将术语定义与术语本身关联起来，突出了文本的主题，并将使用性出现的词语与定义性出现的词语区别开来。

# 第五章

# 结 束 语

　　术语是人类认知活动的重要产物。人类在创造和推动人类文明与科技进步的过程中创造了大量的术语，丰富了汉语的词汇集合。术语包含了丰富的科技、文化内涵，作为知识的载体与工具，在传播、促进社会发展与科技进步的过程中都起到了举足轻重的作用。术语特别是科技术语的规范与统一是衡量一个国家科技发展水平的标准之一。术语的研究对于术语学本体、语言学研究及自然语言处理视角下的相关领域的研究都具有重要的现实意义。

　　研究从语言信息处理的角度出发，提出了一种可被计算机处理的、具有可操作性的术语界定方法。该方法将术语与术语定义结合起来，并将术语与普通词语区分开来，改变了以往传统的术语界定方法，突出了实用性、可操作性。

　　研究提出了一种面向大规模文本的术语定义的抽取方法。我们知道，一个概念的产生必然要用一个科学的术语去指称，并赋予其恰当、合理的术语定义对该概念加以描述，以利于知识的传播、交流与发展。术语定义是术语系统的重要组成部分。定义下得是否恰当、合理，直接决定了术语的概念能否被使用者正确理解。只有一个概念被同时赋予科学的术语与术语定义，才能确保该概念被人们正确地理解和使用。

　　研究从全面考察大规模术语数据库中各专业领域的术语定义入手，分析了术语定义的特定语言模式，制定了术语定义的匹配模板与过滤模板。系统从真实语料中进行术语定义的粗抽取，并进行了术语定义用词与普通语料用词的特征对比。通过词语与句子的定义隶属度计算及向量空间模型算法，进一步细化抽取过程，使准确率逐渐提高。

　　研究提出一种术语定义的领域聚类方法。术语定义的领域聚类应用于对抽取出来的定义的系统化管理。将同属于一个领域类别的术语定义划分到一类，不仅可以自动区分开不同领域的同名异义术语，而且还可以集中得到一批同领域的术语定义，为大规模、系统化地研究术语的产生、演变、发展及领域内部术语之间的结构、语义等关联关系提供了理论与技术支持。术语定义聚类与普通的文本聚类、句子聚类有所不同。研究考察了不同词类对于领域区分程度的差异，以此作为领域聚类特征的选取准则，将不具有领域区分程度的词类排除在聚类计算过程之外。通过自底而上的层级聚类的方法进行术语定义的领域聚类。

研究提出一种在术语定义抽取基础上的术语识别策略。以往传统的各种术语界定方法对语言信息处理来说不具有实际的操作性，识别方法也不考虑术语的本质特征（术语是在专门领域内的被定义项），从而难以区分术语与非术语，后续工作仍需要大量的人工判别、筛选。我们的术语识别系统首先以识别候选术语定义为基础，将术语所在的位置信息从整个待处理文本缩小到抽取出来的术语定义句子范围内，通过候选术语词串的方向选择及左右熵的计算，确保抽取出来的词串都是有意的语言单位，再通过对术语训练语料中术语词性或词性序列的学习，候选项词频与词长的计算，以及通过文档频率的计算，过滤掉定义中的高频普通词语，得到最终的术语列表。

研究中出现的问题和需要改进的方面包括以下几个方面。

在句子的定义隶属度计算中，我们的方法没有考虑到句中词语与上下文词语之间的关系。今后的工作可以加入上下文临接关系的信息。例如，可以利用语言模型，计算二元语法或者三元语法的定义隶属度，扩大训练语料的规模，引入平滑技术，通过改进的算法得到更精确的词语定义隶属度与句子定义隶属度。

在 HTML 格式的文本转化为 TXT 文本格式的过程中，一些有效的术语定义由于网络文本不规范的书写格式等原因无法被抽取出来，影响了术语定义最终的抽取结果。这是从网络中进行信息抽取与知识发现需要解决的一项重要工作，如何最大限度地降低网络文本的格式信息所造成的影响，今后的术语定义抽取系统将在这一方面进一步改进和完善。

在向量空间模型的计算中，我们将候选术语定义作为一个集合直接做高频词抽取，作为类似于信息检索的查询向量，再与每个候选定义进行句子的距离计算。后续研究将在此计算过程中，加入词语的语义信息，在抽取准确度上会有一个提高。

未登录词的识别一直都是语言信息处理中的一个难点与重点问题。本书在术语定义抽取和术语识别及术语定义领域聚类的过程中，没有加入未登录词识别的相关工作。术语在汉语词汇大家庭中是一个特殊的集合，特别是新术语的数量增长很快。术语集合中未登录词的比例远远大于其他词汇类型中未登录词的比例。尤其是一些知识更新换代较快的领域，未登录词的比例更高。语料中的未登录词在某种程度上影响了术语定义抽取、术语识别及术语定义聚类的结果。

以未登录词对术语定义聚类系统的影响为例。我们发现即使是未登录词如"水平对置发动机"，没有出现在分词底表中，分词的结果为"水平对置 | 发动机"。"水平对置"与"发动机"的义项之和与"水平对置发动机"的义项基本相同。该现象其实也验证了术语命名的一个要求，即术语命名应具有能产性与望文生义性。能产性是指新概念的命名应建立在已存在概念命名的基础上，使其与原有概念体系保持一定的结构、层级、语义关系。望文生义性是指术语的命名最好能采取一种看到指称就能推断出其概念的方式。当然人们对未登录词的语义理解或推测也会有一些意外的情况发生，使得未登录词的概念并非各个被切碎部分语义的简单累加，从而对概念产生理解偏误。例如，"蓝驱"与"蓝"和"驱"的义项累加，"漂绿"与"漂"和"绿"的义项累加之间没有过多的语义关联，两者之间的相似度很低。这类未登录词语的使用者很难依据术语的望文生义特征去理解术语的真正含义。通过对测试语料中被切碎词语的分析，我们发现大多数未登录术语在被分词之后，被切碎的字或词的义项与原词的义项之间关联度还是相当大的，所以总体而言，在术语定义领域聚类的过程中，未登录词造成的影响并不很大。

研究中发现大量的术语是由语缀构成的，由此可以推断出语缀对术语的识别起到了一定的支持作用。例如，由前缀"电子"构成的术语包括如表 5 - 1 所示的词语。

表 5 - 1                    以"电子"为前缀的术语示例

| 以"电子"为前缀的术语 | | | | |
|---|---|---|---|---|
| 电子银行 | 电子差速锁 | 电子商务 | 电子学籍 | 电子音乐 |
| 电子政务 | 电子香烟 | 电子账户 | 电子发票 | 电子商务运营 |
| 电子狗 | 电子传真 | 电子伏特 | 电子警察 | 电子信息 |

续表

| 以"电子"为前缀的术语 | | | | |
|---|---|---|---|---|
| 电子邮件 | 电子数据 | 电子显微镜 | 电子支付 | 电子纸 |
| 电子硬盘 | 电子书 | 电子层 | 电子表单 | 电子交易 |
| 电子竞技 | 电子封装 | 电子罗盘 | 电子围栏 | 电子护照 |
| 电子现金 | 电子档案 | 电子名片 | 电子合同 | 电子眼 |
| 电子公告板 | 电子废弃物 | 电子钥匙 | 电子病历 | 电子气体 |
| 电子巡更系统 | 电子衡器 | 电子相册 | 电子钱包 | 电子商务师 |
| 电子口岸 | 电子结算 | 电子齿轮 | 电子货币 | 电子书包 |
| 电子兑换 | 电子邮箱 | 电子工业 | 电子签章 | 电子对抗 |

还有一类前缀是伴随着新的学科领域而诞生的。这类术语虽然出现时间较短，但影响力大，能产性高，数量增幅较大，覆盖领域较广。我们以术语前缀"云"为例进行考察，统计到的术语见表5－2。

表5－2　　　　　　　　　以"云"为前缀的术语示例

| 以"云"为前缀的术语 | | | | |
|---|---|---|---|---|
| 云技术 | 云安全 | 云网盘 | 云网站 | 云计算 |
| 云服务 | 云服务器 | 云营销 | 云存储 | 云应用 |
| 云咨询 | 云空间 | 云概念 | 云杀毒 | 云游戏 |
| 云搜索 | 云门店 | 云浏览 | 云社区 | 云政务 |
| 云手机 | 云电视 | 云摄像机 | 云投影仪 | 云摄像头 |
| 云金融 | 云平台 | 云商务 | 云电脑 | 云客户端 |
| 云终端 | 云物业 | 云生活 | 云财富 | 云财经 |
| 云学习 | 云教育 | 云教室 | 云医生 | 云医疗 |
| 云管理 | 云物流 | 云网购 | 云工业 | 云农业 |
| 云设计 | 云知识 | 云操作系统 | 云系统 | 云文件 |
| 云理财 | 云消费 | 云支付 | 云支付平台 | 云规划 |
| 云办公 | 云计划 | 云时代 | 云环境 | 云商店 |
| 云网络 | 云宽带 | 云视频 | 云Wi-Fi | 云路由 |
| 云战略 | 云城市 | 云开发 | 云农场 | 云制造 |
| 云产品 | 云阅读器 | 云输入法 | 云聊 | 云基础设施 |
| 云保险 | 云基金 | 云邮箱 | 云便签 | 云短信 |
| 云论坛 | 云微博 | 云健康 | 云通信 | 云娱乐 |

| 以"云"为前缀的术语 | | | | |
| --- | --- | --- | --- | --- |
| 云小区 | 云分享 | 云同步 | 云备份 | 云智控 |
| 云识别 | 云社交 | 云控制 | 云播放 | 云下载 |
| 云主机 | 云会议 | 云软件 | 云音乐 | 云媒体 |

以"云"为前缀的术语，多数为近年来刚刚涌现的新术语，很多尚未出现在分词词表中，属于未登录词。这些术语几乎涵盖了与普通百姓日常生活密切相关的各个领域，如信息、教育、经济、政治、管理、文化、娱乐、人际交往等。可以理性地估计，在不久的将来以"云"为前缀的新术语，数量将会继续扩大，覆盖领域将更为全面，社会影响力及在普通百姓中的普及程度会越来越高。

从上述两组包含语缀的术语中可以看出，某些语缀具有强大的构词能力，通过与词根的组配构成新的术语。术语语缀对于术语识别起到了一定的支持作用，识别出语缀尤其是派生能力强大的语缀，可以辅助系统高效、快速地识别出成批术语。今后的工作可以将术语的语缀信息加入术语的识别研究中。

在实验中我们发现，术语数据库的规模严重地影响了术语定义的抽取及术语的识别效果。大规模、权威、规范的含有术语定义的数据库较难获取，且随着新术语的增长，术语数据库需要不断更新、扩容。术语数据库的建设与维护都是一件非常艰巨的工作。研究中使用的训练语料的规模涵盖领域为 27 个，语料的平衡度有待提高。有的专业领域的术语相对较多，密度较大。有的专业领域的术语相对较少，且不同领域的术语更新速度也不尽相同。从实验结果的分析中可以看出，如果训练语料中某个领域的术语词条较完备，术语定义形式较为规范、工整，那么该领域的术语定义抽取与术语识别的效果较好，反之则较差。如果在发展相对稳定、领域新词产生数量较少，产生周期较长的学科领域内进行识别，一般来说识别效率较高；反之在学科发展迅猛，新词呈爆炸式增长的领域，识别效果则较差。下一步的工作希望能获取到更大规模的、涵盖领域更为广泛的、收词更全面的术语数据库，在此基础上进行术语学的相关研究。高质量的术语数据库包含更为详尽的术语词条及更规范化、更标准化的术语定义，领域更为广泛与平衡，同时将抽取出来的术语定义连同术语本身加入训练语料，通过扩大训练语料的规模使系统最终的准确率、召回率进一步提高。

研究中所涉及的训练及测试语料都为汉语，今后还将尝试进行英文术语信息处理领域的相关研究。

# 附　录

## 附录一　《人民日报》用词与术语定义用词对比

表 1　　7 年（1993 年、1994 年、1996 年、1997 年、1998 年、1999 年、
2000 年）《人民日报》前 100 位高频名词

| 词语 | 词频 | 词语 | 词频 | 词语 | 词频 |
|---|---|---|---|---|---|
| 中国 | 344803 | 经济 | 224376 | 工作 | 221084 |
| 企业 | 202955 | 发展 | 198563 | 国家 | 184452 |
| 问题 | 174480 | 建设 | 163323 | 社会 | 130445 |
| 人民 | 129325 | 北京 | 120455 | 市场 | 120446 |
| 政府 | 118718 | 全国 | 112741 | 国际 | 105063 |
| 关系 | 104113 | 我国 | 103966 | 地区 | 98705 |
| 公司 | 98125 | 电 | 98099 | 世界 | 96075 |
| 领导 | 92198 | 管理 | 89915 | 技术 | 89720 |
| 美国 | 88519 | 群众 | 85403 | 国 | 85377 |
| 干部 | 83899 | 活动 | 81989 | 今天 | 81557 |
| 教育 | 81041 | 改革 | 80829 | 会议 | 79022 |
| 部门 | 78816 | 合作 | 78742 | 人民日报 | 77931 |
| 方面 | 77481 | 文化 | 76995 | 党 | 76874 |
| 同志 | 76764 | 新华社 | 74799 | 社会主义 | 74368 |
| 农民 | 67931 | 主席 | 67851 | 生产 | 64952 |
| 科技 | 62725 | 工程 | 62650 | 人员 | 62496 |
| 历史 | 62373 | 情况 | 62063 | 农业 | 61751 |
| 政治 | 61391 | 精神 | 60818 | 目前 | 60379 |
| 服务 | 59633 | 产品 | 59479 | 生活 | 59288 |

| 词语 | 词频 | 词语 | 词频 | 词语 | 词频 |
|---|---|---|---|---|---|
| 政策 | 58504 | 思想 | 58355 | 香港 | 56596 |
| 农村 | 54726 | 单位 | 54548 | 基础 | 54154 |
| 环境 | 52925 | 去年 | 51229 | 项目 | 50655 |
| 制度 | 50154 | 水平 | 48762 | 总理 | 48677 |
| 职工 | 48603 | 中央 | 48044 | 代表 | 47577 |
| 作用 | 46918 | 日本 | 46467 | 总统 | 45145 |
| 人们 | 45007 | 中心 | 44612 | 地方 | 44602 |
| 研究 | 44493 | 事业 | 43831 | 委员会 | 43779 |
| 法律 | 43415 | 民族 | 42637 | 组织 | 42441 |
| 资金 | 42181 | 国务院 | 41216 | 规定 | 40965 |
| 质量 | 40895 | 县 | 40812 | 城市 | 40404 |
| 条件 | 40179 | 国有 | 40101 | 时间 | 39447 |
| 机构 | 39059 | 和平 | 38288 | 工业 | 37589 |
| 市 | 37572 | 理论 | 37543 | 经营 | 37136 |
| 双方 | 36717 | | | | |

**表 2　　　　328158 条术语定义（93.3MB）前 100 位高频名词**

| 词语 | 词频 | 词语 | 词频 | 词语 | 词频 |
|---|---|---|---|---|---|
| 时间 | 3550 | 装置 | 2942 | 系统 | 2843 |
| 系数 | 2615 | 量 | 2491 | 电压 | 2241 |
| 仪器 | 2144 | 图 | 2123 | 电流 | 1861 |
| 压力 | 1645 | 温度 | 1643 | 设备 | 1593 |
| 标准 | 1585 | 曲线 | 1487 | 功率 | 1368 |
| 信号 | 1288 | 结构 | 1277 | 误差 | 1253 |
| 频率 | 1245 | 速度 | 1242 | 设计 | 1223 |
| 物质 | 1208 | 基础 | 1203 | 物体 | 1185 |
| 原理 | 1181 | 形式 | 1167 | 学科 | 1154 |
| 作用 | 1140 | 质量 | 1102 | 数据 | 1081 |
| 密度 | 1052 | 强度 | 1019 | 长度 | 1018 |
| 类型 | 949 | 脉冲 | 918 | 环境 | 897 |
| 机械 | 894 | 理论 | 890 | 模式 | 889 |

续表

| 词语 | 词频 | 词语 | 词频 | 词语 | 词频 |
|---|---|---|---|---|---|
| 过程 | 886 | 性质 | 883 | 应用 | 882 |
| 概念 | 880 | 地质 | 876 | 特征 | 873 |
| 范围 | 865 | 条件 | 727 | 构造 | 718 |
| 直径 | 713 | 状态 | 702 | 极性 | 701 |
| 开关 | 699 | 表面 | 697 | 单位 | 688 |
| 电路 | 686 | 材料 | 672 | 基准 | 667 |
| 应力 | 667 | 效率 | 655 | 宽度 | 652 |
| 高度 | 651 | 厚度 | 651 | 效应 | 650 |
| 面积 | 640 | 位置 | 637 | 水平 | 636 |
| 样品 | 620 | 含量 | 613 | 距离 | 608 |
| 单元 | 579 | 指数 | 578 | 中心 | 574 |
| 平面 | 573 | 电子 | 571 | 金属 | 568 |
| 方法 | 558 | 离子 | 554 | 化学 | 543 |
| 参数 | 533 | 偏差 | 532 | 功能 | 531 |
| 点 | 530 | 流量 | 527 | 元素 | 522 |
| 元件 | 521 | 程序 | 519 | 技术 | 509 |
| 尺寸 | 488 | 数字 | 487 | 方式 | 482 |
| 工程 | 479 | 模型 | 476 | 运动 | 474 |
| 电容器 | 472 | 故障 | 458 | 类别 | 456 |
| 电极 | 455 | 剂量 | 452 | 容量 | 441 |
| 定理 | 436 | | | | |

**表3**　　　　　　　　**《人民日报》前 50 位高频动词**

| 词语 | 词频 | 词语 | 词频 | 词语 | 词频 |
|---|---|---|---|---|---|
| 是 | 808383 | 要 | 252585 | 说 | 227009 |
| 到 | 201221 | 进行 | 129526 | 发展 | 109802 |
| 使 | 109163 | 加强 | 81677 | 提高 | 72608 |
| 能 | 66551 | 建立 | 63144 | 解决 | 62665 |
| 举行 | 62200 | 报道 | 61638 | 实现 | 59983 |
| 表示 | 59678 | 提出 | 57662 | 成为 | 57554 |
| 认为 | 55078 | 参加 | 54757 | 去 | 50523 |

续表

| 词语 | 词频 | 词语 | 词频 | 词语 | 词频 |
|---|---|---|---|---|---|
| 坚持 | 49167 | 取得 | 49149 | 开始 | 46635 |
| 来 | 45677 | 开展 | 44802 | 提供 | 44282 |
| 学习 | 43659 | 促进 | 42802 | 走 | 42784 |
| 看 | 42613 | 作为 | 42294 | 做 | 41981 |
| 指出 | 41441 | 增加 | 41428 | 继续 | 41347 |
| 要求 | 41087 | 希望 | 39968 | 组织 | 39102 |
| 实行 | 38176 | 具有 | 37960 | 需要 | 37414 |
| 得到 | 37262 | 实施 | 36671 | 形成 | 35670 |
| 发生 | 35182 | 采取 | 34876 | 发挥 | 34792 |
| 出现 | 34552 | 决定 | 34251 | | |

**表 4　　　　　　　　　　术语定义前 50 位高频动词**

| 词语 | 词频 | 词语 | 词频 | 词语 | 词频 |
|---|---|---|---|---|---|
| 属 | 6201 | 测 | 2601 | 试验 | 1276 |
| 控制 | 1237 | 变 | 1209 | 含 | 945 |
| 构造 | 760 | 称 | 674 | 检验 | 648 |
| 输出 | 629 | 处理 | 602 | 制动 | 556 |
| 连接 | 513 | 保护 | 484 | 辐射 | 483 |
| 输入 | 479 | 采样 | 464 | 吸收 | 453 |
| 测量 | 438 | 操作 | 408 | 记录 | 404 |
| 沉积 | 397 | 变形 | 393 | 分布 | 386 |
| 压缩 | 385 | 有 | 384 | 氧化 | 370 |
| 组合 | 365 | 校正 | 363 | 用 | 360 |
| 干扰 | 345 | 分析 | 341 | 负载 | 332 |
| 绝缘 | 326 | 安装 | 321 | 显示 | 319 |
| 转换 | 299 | 恢复 | 289 | 交换 | 288 |
| 计算 | 279 | 增益 | 271 | 允许 | 269 |
| 扫描 | 251 | 振动 | 248 | 使用 | 233 |
| 选择 | 230 | 分离 | 229 | 检查 | 224 |
| 过滤 | 220 | 取样 | 214 | 渗透 | 208 |
| 调制 | 207 | 调整 | 205 | | |

**表 5** 《人民日报》前 50 位高频形容词

| 词语 | 词频 | 词语 | 词频 | 词语 | 词频 |
|---|---|---|---|---|---|
| 新 | 174071 | 大 | 171422 | 好 | 98159 |
| 重要 | 92786 | 多 | 79482 | 高 | 55866 |
| 近 | 45906 | 小 | 43279 | 重大 | 33985 |
| 安全 | 31818 | 基本 | 31656 | 友好 | 31476 |
| 稳定 | 28747 | 先进 | 28599 | 不同 | 27322 |
| 良好 | 22853 | 长 | 21876 | 严重 | 21333 |
| 科学 | 20851 | 优秀 | 20513 | 有效 | 19383 |
| 巨大 | 18942 | 全 | 18798 | 伟大 | 17422 |
| 老 | 17262 | 具体 | 16124 | 成功 | 15981 |
| 积极 | 15889 | 低 | 15723 | 突出 | 15337 |
| 根本 | 15235 | 著名 | 14985 | 文明 | 14496 |
| 贫困 | 14258 | 最高 | 13395 | 正确 | 13072 |
| 少 | 12926 | 强 | 12852 | 快 | 12809 |
| 丰富 | 12678 | 合理 | 10915 | 高级 | 10705 |
| 特殊 | 10265 | 高兴 | 10096 | 强烈 | 10041 |
| 民主 | 9833 | 红 | 9823 | 稳定 | 9506 |
| 深 | 9504 | 难 | 9428 | | |

**表 6** 术语定义前 50 位高频形容词

| 词语 | 词频 | 词语 | 词频 | 词语 | 词频 |
|---|---|---|---|---|---|
| 大 | 2187 | 小 | 2155 | 热 | 1692 |
| 高 | 1126 | 长 | 1092 | 假 | 775 |
| 有效 | 761 | 平均 | 700 | 异常 | 583 |
| 深 | 558 | 差 | 546 | 新 | 539 |
| 近 | 522 | 低 | 492 | 平衡 | 473 |
| 全 | 457 | 细 | 444 | 短 | 435 |
| 重 | 428 | 粗 | 400 | 湿 | 389 |
| 连续 | 366 | 干燥 | 351 | 基本 | 349 |
| 紧 | 336 | 最高 | 314 | 硬 | 313 |
| 黑 | 293 | 直 | 247 | 普通 | 243 |
| 原始 | 237 | 稳定 | 232 | 固定 | 212 |

| 词语 | 词频 | 词语 | 词频 | 词语 | 词频 |
|---|---|---|---|---|---|
| 正常 | 207 | 均匀 | 191 | 实际 | 178 |
| 对称 | 170 | 净 | 166 | 绝对 | 157 |
| 自然 | 156 | 最低 | 150 | 偏心 | 148 |
| 强 | 141 | 敏感 | 140 | 特殊 | 138 |
| 纯 | 127 | 直接 | 126 | 弱 | 125 |
| 准 | 113 | 一般 | 97 | | |

**表7　　　　　　　　《人民日报》前60位高频副词**

| 词语 | 词频 | 词语 | 词频 | 词语 | 词频 | 词语 | 词频 |
|---|---|---|---|---|---|---|---|
| 不 | 302594 | 也 | 238061 | 就 | 162216 | 都 | 157543 |
| 将 | 154010 | 已 | 139585 | 还 | 128272 | 又 | 107002 |
| 最 | 84608 | 更 | 82363 | 很 | 79329 | 必须 | 51121 |
| 进一步 | 50608 | 就是 | 43392 | 不断 | 42138 | 再 | 40715 |
| 却 | 40141 | 已经 | 39554 | 特别 | 37376 | 较 | 36573 |
| 没有 | 35702 | 曾 | 32751 | 正在 | 31145 | 十分 | 29201 |
| 仍 | 26709 | 才 | 25886 | 共 | 25830 | 分别 | 25406 |
| 共同 | 25256 | 仅 | 24828 | 则 | 23762 | 正 | 23560 |
| 便 | 22929 | 依法 | 22487 | 先后 | 22220 | 主要 | 21541 |
| 只 | 21339 | 一定 | 19198 | 相 | 19085 | 大力 | 18631 |
| 一直 | 18494 | 更加 | 18280 | 非常 | 17698 | 逐步 | 17215 |
| 均 | 16930 | 比较 | 16865 | 未 | 16516 | 首先 | 15985 |
| 甚至 | 15879 | 高度 | 15027 | 越来越 | 14175 | 相互 | 14128 |
| 太 | 13315 | 真正 | 13313 | 没 | 13066 | 越 | 12464 |
| 先 | 11894 | 再次 | 11795 | 尤其 | 11756 | 长期 | 11674 |

**表8　　　　　　　　术语定义前60位高频副词**

| 词语 | 词频 | 词语 | 词频 | 词语 | 词频 | 词语 | 词频 |
|---|---|---|---|---|---|---|---|
| 最 | 2372 | 不 | 1666 | 极 | 549 | 自动 | 532 |
| 直 | 390 | 偏 | 379 | 预 | 334 | 共 | 300 |
| 全 | 253 | 相对 | 249 | 异常 | 234 | 再 | 214 |
| 特 | 210 | 未 | 175 | 互 | 151 | 深 | 145 |

续表

| 词语 | 词频 | 词语 | 词频 | 词语 | 词频 | 词语 | 词频 |
|------|------|------|------|------|------|------|------|
| 均 | 135 | 粗 | 125 | 初 | 110 | 随机 | 101 |
| 比较 | 95 | 高度 | 94 | 人工 | 93 | 自然 | 91 |
| 快速 | 88 | 较 | 81 | 双向 | 66 | 单向 | 61 |
| 单 | 60 | 非 | 59 | 绝对 | 58 | 最终 | 53 |
| 定向 | 51 | 半自动 | 42 | 渐 | 39 | 间接 | 35 |
| 高速 | 35 | 定时 | 35 | 直线 | 34 | 自行 | 30 |
| 单边 | 28 | 自发 | 27 | 低速 | 26 | 手工 | 25 |
| 过度 | 25 | 初次 | 25 | 很 | 24 | 初步 | 23 |
| 定期 | 22 | 重新 | 21 | 仅 | 21 | 有机 | 20 |
| 交替 | 20 | 立体 | 18 | 反复 | 17 | 十分 | 17 |
| 任意 | 17 | 还 | 17 | 便 | 16 | 批量 | 14 |

# 附录二　词语的定义隶属度

表 1　　　　　　　　　　词语的定义隶属度

| 词语 | 定义隶属度 | 词语 | 定义隶属度 |
|------|-----------|------|-----------|
| 差值 | 0.999853211009174 | 输出电压 | 0.999535871156662 |
| 换能器 | 0.999175182481752 | 入射 | 0.999166819431714 |
| 电平 | 0.998214484679666 | 斜率 | 0.997951219512195 |
| 色谱法 | 0.997644295302013 | 基准面 | 0.997587030716723 |
| 变流器 | 0.997453900709221 | 联轴器 | 0.997428571428571 |
| 蜗杆 | 0.996901639344262 | 瞬时值 | 0.996689655172414 |
| 敏感元件 | 0.996535714285714 | 均方根 | 0.995974874371859 |
| 电位器 | 0.995791666666667 | 吸收剂 | 0.995778067885117 |
| 渐开线 | 0.995708994708995 | 力矩 | 0.995675186368477 |
| 交流电压 | 0.995652406417112 | 声压 | 0.995545454545455 |
| 法线 | 0.994975903614458 | 外径 | 0.994755408340764 |
| 不确定度 | 0.994710691823899 | 曝光量 | 0.994589743589744 |
| 字段 | 0.994548387096774 | 电阻器 | 0.994520518358531 |

| 词语 | 定义隶属度 | 词语 | 定义隶属度 |
|---|---|---|---|
| 熔断器 | 0.994103448275862 | 百分数 | 0.994069993069993 |
| 节距 | 0.993957746478873 | 零位 | 0.993857142857143 |
| 磁导率 | 0.993700729927007 | 光轴 | 0.993619926199262 |
| 数据终端 | 0.993307692307692 | 开断 | 0.993277992277992 |
| 进给 | 0.993217898832685 | 连接器 | 0.992951710261569 |
| 声束 | 0.992935483870968 | 焊剂 | 0.992869918699187 |
| 铣刀 | 0.992869918699187 | 工件 | 0.992448692152918 |
| 基准线 | 0.992304347826087 | 给定 | 0.992109393119443 |
| 冲头 | 0.991909090909091 | 端面 | 0.991654205607477 |
| 真值 | 0.99163670411985 | 传声器 | 0.991243902439024 |
| 滤波器 | 0.991243902439024 | 交线 | 0.991049751243781 |
| 媒质 | 0.990974937343358 | 横截面 | 0.99081077147016 |
| 毛细管 | 0.99074358974359 | 阴极 | 0.990623865110246 |
| 公称 | 0.99056780923994 | 链路 | 0.990406779661017 |
| 辊筒 | 0.99032384341637 | 铁磁性 | 0.990247311827957 |
| 平方根 | 0.990130434782609 | 角砾岩 | 0.990010989010989 |
| 额定 | 0.98957376045705 | 熔断 | 0.989472622478386 |
| 载荷 | 0.989463873709775 | 漫射 | 0.989095238095238 |
| 退磁 | 0.989095238095238 | 容差 | 0.989095238095238 |
| 失效率 | 0.988951807228916 | 谐振腔 | 0.98880487804878 |
| 密度计 | 0.98880487804878 | 发送机 | 0.98880487804878 |
| 取景器 | 0.988654320987654 | 电离 | 0.988582781456954 |
| 垂线 | 0.988577639751553 | 导数 | 0.988576864361296 |
| 指示表 | 0.988341772151899 | 真空泵 | 0.988179487179487 |
| 波道 | 0.988096774193548 | 压缩空气 | 0.988041036717063 |
| 给定值 | 0.987842105263158 | 氢氧化钾 | 0.987842105263158 |
| 连续式 | 0.987754966887417 | 螺旋线 | 0.987607142857143 |
| 因数 | 0.987436498150432 | 波形 | 0.987371379897785 |
| 光密度 | 0.987111111111111 | 坐标轴 | 0.987046511627907 |
| 振幅 | 0.987027944111776 | 信号发生器 | 0.986981308411215 |
| 反射波 | 0.986915492957746 | 热分析 | 0.986507246376812 |
| 齿条 | 0.986401459854015 | 耦合 | 0.986294117647059 |

续表

| 词语 | 定义隶属度 | 词语 | 定义隶属度 |
|---|---|---|---|
| 顶角 | 0.986294117647059 | 真空度 | 0.986294117647059 |
| 通风机 | 0.986163204747775 | 辉光放电 | 0.986074626865672 |
| 本征 | 0.985848484848485 | 表面张力 | 0.985848484848485 |
| 谐振器 | 0.985615384615385 | 阳极 | 0.985054669703872 |
| 倾斜角 | 0.985000000000000 | 驱动轴 | 0.985054669703872 |
| 饱和蒸汽 | 0.984870967741935 | 啮合 | 0.984805668016194 |
| 电介质 | 0.984783783783784 | 电抗器 | 0.984695652173913 |
| 过饱和 | 0.984606557377049 | 轮缘 | 0.984606557377049 |
| 光电效应 | 0.984606557377049 | 质点 | 0.984539094650206 |
| 时间间隔 | 0.984211678832117 | 通量 | 0.984193277310924 |
| 塑形 | 0.984154670750383 | 变化范围 | 0.984050847457627 |
| 荧光粉 | 0.98390598290598 | 静电场 | 0.983758620689655 |
| 滑动轴承 | 0.983758620689655 | 应变计 | 0.983638888888889 |
| 曲率 | 0.983222222222222 | 挥发物 | 0.983142857142857 |
| 电偶 | 0.983142857142857 | 离子对 | 0.983142857142857 |
| 电刷 | 0.983035928143713 | 包壳 | 0.982981981981982 |
| 出射 | 0.982981981818189 | 中继器 | 0.982651376146789 |
| 电压 | 0.982498720037235 | 蓄能器 | 0.982481481481482 |
| 阈值 | 0.982395348837209 | 控制信息 | 0.98202981029810298103 |
| 量度 | 0.982029810298103 | 极化 | 0.981861244019139 |
| 载波 | 0.981769230769231 | 润滑脂 | 0.981769230769231 |
| 最大值 | 0.981676328502415 | 量值 | 0.981597014925373 |
| 工作电流 | 0.981582524271845 | 电位 | 0.981571428571429 |
| 曝光表 | 0.981392156862745 | 射束 | 0.9811980198019800 |

# 附录三　术语定义抽取的分步骤结果示例

以术语"数字电视"为例，术语抽取的分步骤结果示例。

规则匹配结果如下。

1. 数字电视是一个从节目摄制、编辑、制作、存储、发射、传输到信号接收、处理、显示都完全数字化的电视系统，简称 DTV（digital tele-vision）。

2. 数字电视（DTV），是指从电视节目采集、录制、播出到发射、接收全部采用数字编码与数字传输技术的新一代电视，是在数字技术基础上把电视节目转换成为数字信息（0，1），以码流形式进行传播的数字形态，综合了数字压缩、多路复用、纠错掩错、调制解调等多种先进技术。

3. 所谓数字电视，其实是指一种新的数字电视系统（我们现在所用的是模拟电视系统）。

4. 数字电视是指以数字方式（0 与 1 的组合）发送、传输和接收的活动图像（含伴音）信息的一种新的彩色电视系统。

5. 所谓数字电视，是指一种利用计算机技术，对传统的模拟电视信号进行数字化编码和压缩处理，然后再通过数字电视接收机（机顶盒）进行接收的电视系统。

6. 对数字电视系统，我们可以定义为：凡是在电视信号的获取、产生、处理、传输、接收和存储的各个环节中都是采用数字电视信号或者对数字电视信号进行处理的系统都称为数字电视系统。

7. 数字电视的概念是指节目从摄制、编辑、播出、发射到接收的整个过程都是采用数字化技术实现的。

8. 数字电视提供了其他服务，包括数据传送、图文广播、上网服务等。

9. 数字电视是一项全新的有线电视服务系统，不同于现在大多数家庭收看的采用传统的模拟信息的电视。

10. 数字电视是指将传统的模拟电视信息经过采样、量化、编码，转化成二进制的。

11. 数字电视节目是与原有模拟电视节目同步播出的，数字电视的播出不影响原有模拟节目的收看。

12. 数字电视包含原有 42 套模拟电视节目内容的基础上还增加了 60 多套节目，并且数字电视将取代模拟电视。

13. 数字电视，它传送的是经过压缩编码的信号，占用网络资源小。

14. 数字电视是指拍摄、编辑、传输、播出、接收电视信号的全过程都采用数字技术的电视系统。

15. 数字电视是画面高清晰、声音高保真、频道资源可多达几百套的电视。

句子定义隶属度计算后的得分排序如下。

1. 数字电视（DTV），是指从电视节目采集、录制、播出，到发射、接收全部采用数字编码与数字传输技术的新一代电视，是在数字技术基础上把电视节目转换成为数字信息（0，1），以码流形式进行传播的数字形态，综合了数字压缩、多路复用、纠错掩错、调制解调等多种先进技术。

2. 对数字电视系统，我们可以定义为：凡是在电视信号的获取、产生、处理、传输、接收和存储的各个环节中都是采用数字电视信号或者对数字电视信号进行处理的系统称为数字电视系统。

3. 数字电视是一个从节目摄制、编辑、制作、存储、发射、传输到信号接收、处理、显示都完全数字化的电视系统，简称 DTV（digital television）。

4. 所谓数字电视，是指一种利用计算机技术，对传统的模拟电视信号进行数字化编码和压缩处理，然后再通过数字电视接收机（机顶盒）进行接收的电视系统。

5. 数字电视是指以数字方式（0 与 1 的组合）发送、传输和接收的活动图像（含伴音）信息的一种新的彩色电视系统。

6. 数字电视是指将传统的模拟电视信息经过采样、量化、编码，转化成二进制的。

7. 所谓数字电视，其实是指一种新的数字电视系统（我们现在所用的是模拟电视系统）。

8. 数字电视是指拍摄、编辑、传输、播出、接收电视信号的全过程都采用数字技术的电视系统。

9. 数字电视的概念是指节目从摄制、编辑、播出、发射到接收的整个过程都是采用数字化技术实现的。

10. 数字电视，提供了其他服务，包括数据传送、图文广播、上网服务等。

11. 数字电视包含原有 42 套模拟电视节目内容的基础上还增加了 60 多套节目，并且数字电视将取代模拟电视。

12. 数字电视节目是与原有模拟电视节目同步播出的，数字电视的播出不影响原有模拟节目的收看。

13. 数字电视是一项全新的有线电视服务系统，不同于现在大多数家庭收看的采用传统的模拟信息的电视。

14. 数字电视是利用数字化的传播手段提供卫星电视传播与数字电视节目服务。

15. 数字电视是画面高清晰；声音高保真；频道资源可多达几百套的电视。

向量空间的计算后的得分排序如下。

1. 数字电视是指拍摄、编辑、传输、播出、接收电视信号的全过程都采用数字技术的电视系统。

2. 数字电视（DTV），是指从电视节目采集、录制、播出到发射、接收全部采用数字编码与数字传输技术的新一代电视，是在数字技术基础上把电视节目转换成为数字信息（0，1），以码流形式进行传播的数字形态，综合了数字压缩、多路复用、纠错掩错、调制解调等多种先进技术。

3. 对数字电视系统，我们可以定义为：凡是在电视信号的获取、产生、处理、传输、接收和存储的各个环节中都是采用数字电视信号或者对数字电视信号进行处理的系统称为数字电视系统。

4. 数字电视是利用数字化的传播手段提供卫星电视传播与数字电视节目服务，从而为用户。

5. 所谓数字电视，其实是指一种新的数字电视系统（我们现在所用的是模拟电视系统），该系统。

6. 所谓数字电视，是指一种利用计算机技术，对传统的模拟电视信号进行数字化编码和压缩处理，然后再通过数字电视接收机（机顶盒）进行接收的电视系统。

7. 数字电视包含原有 42 套模拟电视节目内容的基础上还增加了 60 多套节目，并且数字电视将取代模拟电视。

8. 数字电视节目是与原有模拟电视节目同步播出的，数字电视的播出不影响原有模拟节目的收看。

9. 数字电视是一项全新的有线电视服务系统，不同于现在大多数家庭收看的采用传统的模拟信息的电视。

10. 数字电视是指将传统的模拟电视信息经过采样、量化、编码，转化成二进制的。

11. 数字电视是一个从节目摄制、编辑、制作、存储、发射、传输到信号接收、处理、显示都完全数字化的电视系统，简称 DTV（digital television）。

12. 数字电视的概念是指节目从摄制、编辑、播出、发射到接收的整个过程都是采用数字化技术实现的。

13. 数字电视是指以数字方式（0 与 1 的组合）发送、传输和接收的活动图像（含伴音）信息的一种新的彩色电视系统。

14. 数字电视，提供了其他服务，包括数据传送、图文广播、上网服务等。

15. 数字电视是画面高清晰、声音高保真、频道资源可多达几百套的电视。

最终结果：（前三位）

1. 数字电视（DTV），是指从电视节目采集、录制、播出，到发射、接收全部采用数字编码与数字传输技术的新一代电视，是在数字技术基础上把电视节目转换成为数字信息（0，1），以码流形式进行传播的数字形态，综合了数字压缩、多路复用、纠错掩错、调制解调等多种先进技术。

2. 对数字电视系统，我们可以定义为：凡是在电视信号的获取、产生、处理、传输、接收和存储的各个环节中都是采用数字电视信号或者对数字电视信号进行处理的系统称为数字电视系统。

3. 数字电视是一个从节目摄制、编辑、制作、存储、发射、传输到信号接收、处理、显示都完全数字化的电视系统，简称 DTV（digital television）。

# 附录四　术语的词性序列

表1　　　　　　术语词性序列（百分比取对数乘负一）

| 词性序列 | 得分 | 词性序列 | 得分 |
|---|---|---|---|
| $n+n$ | 0.99016952889763 | n | 1.07536927042736 |
| $v+n$ | 1.23458984294416 | vn+n | 1.42214333406624 |
| $n+v$ | 1.57722173829401 | $n+n+n$ | 1.63604755902151 |
| $n+n+n+n$ | 1.65582022390558 | $v+v$ | 1.72279766565054 |

| 词性序列 | 得分 | 词性序列 | 得分 |
|---|---|---|---|
| a + n | 1.73135707057512 | b + n | 1.74649935022793 |
| n + vn + n | 1.74661266907578 | v + ng | 1.75589110533156 |
| v + n + n | 1.86510174036055 | n + ng | 1.88897176284302 |
| v + v + n | 1.93227191335583 | n + vn | 1.93998667302336 |
| n + v + n | 1.95767858695796 | a + n + n | 2.19047390330643 |
| v + ng + n | 2.20260939163069 | d + v | 2.20946423827644 |
| n + ng + n | 2.21542718525011 | n + n + v | 2.22418749509714 |
| vd + v | 2.27427770479455 | b + n + n | 2.30228096479173 |
| vn + n + n | 2.31593784796266 | ad + v | 2.31846772588501 |
| n + v + ng | 2.32960409200297 | n + v + v | 2.33925547767915 |
| ng + n | 2.34192532921393 | d + v + n | 2.35368819047901 |
| v + v + ng | 2.363427182800351 | v + n + v | 2.42640565339805 |
| n + a + n | 2.44694481090659 | b + vn + n | 2.45266682361251 |
| v + n + ng | 2.47210290476286 | n + n + ng | 2.47330927909943 |
| n + n + vn | 2.47877982076321 | v + v + v | 2.49625379482581 |
| n + n + vn + n | 2.53904969439347 | v + a + n | 2.55333698549387 |
| ad + v + n | 2.55479190974205 | n + ng + v | 2.57112627708431 |
| v + ng + v | 2.58574518635961 | vd + v + n | 2.59125761099792 |
| v + vn + n | 2.59443926978411 | ag + n | 2.61153648061501 |
| vn + vn + n | 2.61403482584749 | b + vn | 2.66352018892747 |
| vn + vn | 2.69355027312892 | a + vn + n | 2.70472571852061 |

# 附录五　术语抽取结果

**表 1**　　　　　　计算机与信息技术领域术语部分术语抽取结果

| 术　语 | | | | |
|---|---|---|---|---|
| 标准建模语言 | 并行调试器 | 变线宽技术 | 编码器 | 本体论 |
| 操作系统 | 传统数据库 | 词性标记 | 词性自动标注 | 存取控制矩阵 |
| 程序设计语言 | 超级服务器 | 虫蚀机制 | 层次分析法 | 定时器 |
| 堆栈指针 | 调度程序 | 调度算法 | 多媒体信息 | 多媒体通信 |
| 多媒体数据模型 | 非线性编辑系统 | 动态网络资源联结机制 | 分布式对象技术 | 工程数据管理系统 |

| 术 语 | | | | |
|---|---|---|---|---|
| 电子商务 | 二阶方向导数 | 辅助服务器 | 服务器程序 | 档案学 |
| 分布式路由器 | 防火墙技术 | 代码体系 | 负载电容 | 负载平衡算法 |
| 分子动力学 | 代理服务器 | 关联域 | 关联修改算法 | 概念词典 |
| 广播算法 | 航迹数据 | 灰色预测模型 | 汉字识别 | 回溯算法 |
| 健壮性 | 加密算法 | 句法分析树 | 计算机病毒 | 计算机犯罪 |
| 计算机辅助制造系统 | 联机分析处理技术 | 机器翻译 | 面向对象数据库 | 开放数据网络 |
| 连续媒体 | 基因计算机 | 滤波器 | 模糊条件检索 | 目标程序 |
| 马尔可夫链 | 模式匹配 | 密钥 | 置信度 | 免疫规划算法 |
| 免疫算子 | 全文检索 | 全文索引 | 情报学 | 情报检索模型 |
| 嵌入式系统 | 多模态图像配准 | 认证代理系统 | 数据库管理系统 | 上下文无关文法 |
| 数据库模式 | 数据挖掘 | 数据压缩 | 数字图书馆 | 数据仓库 |
| 数据加密 | 数据库系统 | 数据词典 | 数字信封 | 数字签名 |
| 双向关联 | 属性向量 | 视频捕捉系统 | 视频压缩 | 视频编码器 |
| 时变拓扑 | 双边二分法 | 熵 | 矢量 | 神经元 |
| 神经网络 | 宿主机 | 搜索引擎 | 特征提取 | 拓扑特征 |
| 文本分类 | 网关 | 相似性拓扑 | 自相容缺失理论 | 信息发布系统 |
| 消息存储器 | 心理声学模型 | 信息技术 | 信息安全技术 | 信息监控技术 |
| 信息资源网络 | 信息管理学 | 信息检索 | 信息挖掘技术 | 信息仓库 |
| 线性分类器 | 像素 | 狭义遗传算法 | 虚拟图书馆 | 遗传算法 |
| 移动计算系统 | 语音合成系统 | 语义网络 | 有限状态机 | 远程教育 |
| 蕴涵树 | 知识发现系统 | 知识经济 | 知识库 | 中间语言 |
| 自动分词 | 专家系统 | 自动分类 | 知识产权 | IPC |
| PAT 数组 | WEB 信息缓存管理 | C-均值算法 | EP 算法 | BALLOON 模型 |
| DSN | SNMP | ESDL | 嵌入式软件 | 互信息 |
| 数据净化 | 分布式实时系统 | 隐马尔可夫模型 | 虚拟实验系统 | 工程配置管理系统 |
| 向量空间模型 | 面向对象 | ASP 技术 | 车道控制机 | 形式化方法 |
| 自动文摘系统 | 虚拟环境 | 有向无环图 | FTP 协议 | 模拟退火算法 |
| JDBC | 进程通信 | 单系统映象 | 工作机群 | 智能卡 |
| PSTN | 动态比特分配 | 云计算 | 平滑技术 | 小波分析 |

注：《计算机学报》、《计算机应用》、《计算机工程与科学》、《计算机研究与发展》术语部分抽取结果示例。

# 附录六　术语定义聚类的部分结果

cluster 1

1. 宽带接入网是由线路、传输设备等物理设施组成，连接电信业务节点和相关用户网络，可提供宽带信息传送承载能力的信息系统。

2. 非对称数字用户线 ADSL 是在铜双绞线上提供上下行不对称速率的高速数字接入传输技术，是考虑到许多业务，特别是视频业务，双向速率不对称而提出的，它是一种利用现有双绞电话线传送高速率数据的方法，可以传送一个简单压缩的高质量的视频信号。

3. 分组交换是基于存储转发技术的一种信息交换方式，将用户提交的消息打包成适合网络传输的分组/包，以公组/包为单位进行交换和传输，只有在传送分组/包时才占用电路，无须在通信双方之间建立一条专用电路。

4. 同步数字系列是国际电联于 1988 年在北美 SONET 的基础上提出的一种新的传输体制，是为实现在物理传输网络中传送经适当配置的信息而标准化的数字传输结构体系。

5. 第三代移动通信网：指继目前的 GSM 数字蜂窝网和窄带 CDMA 网之后，采用国际电信联盟定义的第三代移动通信技术和标准，以承载数据业务为主的高速、宽带移动通信网络。

6. 通常人们把骨干网传输速率在 2.5g 以上、接入网能够达到 1 兆的网络定义为宽带网。

7. 路由器是一种连接多个网络或网段的网络设备，它能将不同网络或网段之间的数据信息进行"翻译"，以使它们能够相互"读"懂对方的数据，从而构成一个更大的网络。

8. 所谓双模手机，就是指一台手机能允许用户在两种不同的网络环境下使用。

9. 3G 是第三代移动通信技术，是指支持高速数据传输的蜂窝移动通信技术。

10. 搜索引擎其实也是一个网站，提供信息检索服务，它使用特有的程序把因特网上的所有信息归类以帮助人们搜寻到自己所需要的信息。

11. 光纤宽带就是要把传送的数据由电信号转换为光信号进行通信。

12. Wi – Fi 是一种可以将个人电脑、手持设备等终端以无线方式互相连接的技术，是一种高频无线电信号。

13. 无线互联网是由移动无线网络组成，并实现网络的手机数据双向传输的网络。

14. 计算机辅助教育网络以电子计算机为主要教育媒介，利用它的逻辑运算、信息存储等功能来为教育服务的一种方式，它包括计算机辅助教学、计算机辅助学习、计算机管理教学和计算机教育行政管理等功能类型。

cluster 2

1. 人工智能是计算机科学的一个分支，是一门研究机器智能的学科，即用人工的方法和技术研制智能机器或智能系统来模仿、延伸和扩展人的智能，实现智能行为。

2. 血液流变学是一门新兴的生物力学分支，是研究血液宏观流动性质，血细胞流动性质及生物化学成分的一门科学。

3. 仿生学（Bionics）是研究生物系统的结构、性状、原理、行为以及相互作用，从而为工程技术提供新的设计思想、工作原理和系统构成的技术科学。

4. 数理语言学是语言学的一个分支，用数学方法研究语言现象，通常采用统计学、代数、概率论、信息论和计算分析等方法。

5. 社会语言学是语言学的分支，是运用语言学和社会学学科的理论和方法，从不同社会科学的角度去研究语言的社会本质和差异的一门学科。

6. 计算语音学是运用建立形式化的数学模型的理论，利用计算机来处理语音的一门学科。

cluster 3

1. 光纤通信是以光波作为信息载体，以光纤作为传输媒介的一种通信方式。

2. 卫星通信是利用人造地球卫星作为中继站，转发无线电信号，在多个地球站之间进行的通信。

3. 数据通信是通信技术与计算机技术相结合而产生的一种新的通信方式。

4. 电信通信是现在通信的主要形式，其主要任务是利用有线电、无线电、光等传递符号、文字、图像和语言等信息。

5. 无线电通信是指利用无线电波传输信息的通信方式，能传输声音、文字、数据和图像等。

cluster 4

1. 克隆是指从一个个体中获取一段基因（例如通过 pcr 的方法），然后将其插入另外一个个体（通常是通过载体），再加以研究或利用。

2. 生物多样性指的是地球上生物圈中所有的生物，即动物、植物、微生物以及它们所拥有的基因和生存环境。

3. 转基因技术是指利用分子生物学技术，将某些生物的基因转移到其他物种中，改造生物的遗传物质，使遗传物质得到改造的生物在性状、营养和消费品质等方面向人类需要的目标转变。

4. 异型淋巴细胞在某些病毒性感染或过敏源刺激下使淋巴细胞增生，并出现一定的形态变化称为异型淋巴细胞。

5. 干细胞：是一类增殖较慢，但能自我维持增殖的细胞，分布在动物各种组织的特定位置上，通过有丝分裂，其中一部分仍为干细胞，而另一部分成为定向干细胞。

6. 红细胞是血液中最通常的一种血细胞，同时也是脊椎动物体内通过血液运送氧气的最主要的媒介。

7. 生物化学是研究生物体内发生的化学反应和相互作用的学科，特别是细胞中各组分的结构和功能，例如蛋白质、碳水化合物、脂类、核酸以及小分子。

8. 核酸是细胞内的生物大分子，是细胞的核心物质，由脱氧核糖核酸和核糖核酸组成。

9. 卵磷脂是血管的清道夫，能将附着在血管壁上的胆固醇、中性脂肪乳化成微粒子，溶于血液中并运回肝脏而被代谢。

10. 高血脂是指血浆中的胆固醇、甘油三酯、磷脂和未脂化的脂酸等血脂成分增高的一种疾症。

11. 类风湿关节炎又称萎缩性关节炎、风湿样关节炎，是一种病因未定，具有关节炎性变化及免疫系统异常的慢性全身性疾病，可侵犯骨膜、软骨韧带、肌腱、骨组织，最后引起关节畸形。

12. 糖原异生是非糖物质在肝脏和肾脏等器官中某些特有酶的催化下

转变成糖原或葡萄糖的过程。

13. 外源性凝血系统指Ⅶ因子激活及因子Ⅲ以组织损伤后所释放出的组织凝血活酶，以启动外源性凝血途径为特点。

14. 酶是由生物体产生的一类具有特异性和催化能力的蛋白质，亦称为生物催化剂。

15. 胆固醇是体内最丰富的固醇类化合物，它既作为细胞生物膜的构成成分，又是类固醇类激素、胆汁酸及维生素 D 的前体物质。

cluster 5

1. 亚健康是处于疾病与健康之间的一种生理机能低下的状态，亚健康状态也是很多疾病的前期征兆，如肝炎、心脑血管疾病、代谢性疾病等等，亚健康人群普遍存在六高一低，即高负荷、高血压、高血脂、高血糖、高体重、免疫功能低。

2. 中风后遗症：中风是以突然昏倒、意识不清、口渴、言蹇、偏瘫为主症的一种疾病，它包括现代医学的脑出血、脑血栓、脑栓塞、短暂脑缺血发作等病，是一个死亡率较高的疾病。

3. 肺结核是由结核杆菌感染肺部所致的疾病，又被称为肺痨。

cluster 6

1. 防火墙（Firewall）是指一个由软件或/和硬件设备组合而成，处于企业或网络群体计算机与外界通道之间，限制外界用户对内部网络访问及管理内部用户访问外界网络的权限。

2. 局域网即一组计算机和其他设备，在物理地址上彼此相隔不远，以允许用户相互通信和共享，诸如打印机和存储设备之类的计算资源的方式互连在一起的系统。

3. 网络协议是网络上所有设备（网络服务器、计算机及交换机、路由器、防火墙等）之间通信规则的集合，它定义了通信时信息必须采用的格式和这些格式的意义。

4. 域名类似于互联网上的门牌号码，是用于识别和定位互联网上计算机的层次结构式字符标识，与该计算机的互联网协议（IP）地址相对应。

5. 电脑病毒可以分为良性、恶性两种，良性病毒只在电脑系统中出现一些奇怪的字符等，有些是不断地自我复制；恶性病毒会移动或删除文件，破坏硬盘，甚至使电脑无法启动。

6. 调制解调器，是计算机与电话线之间进行信号转换的装置，由调制器和解调器两部分组成，调制器是把计算机的数字信号调制成可在电话线上传输的声音信号的装置，在接收端解调器再把声音信号转换成计算机能接收的数字信号。

7. 服务器（Server）是指具有固定的地址，并为网络用户提供服务的节点，它是实现资源共享的重要组成部分。

cluster 7

1. 数字传输和数字交换综合而成的数字电话网称为综合数字网（IDN），在 IDN 中实现了交换局至交换局间的数字化，数据等数字信号可直接在 IDN 中传输，但话音和图像等模拟信号的传输则必须进行模/数变换。

2. 神经网络是神经系统的一种逻辑及数学模型，是一种具有学习和自组织能力的智能机构，模仿生物神经系统的神经元建立，试图模拟大脑处理信息、学习和记忆的方式，主要用于模式识别、语音识别等领域。

cluster 8

1. 置换反应是单质与化合物反应生成另外的单质和化合物的化合反应，是化学中的四大基本反应类型之一，包括金属与金属盐的反应、金属与酸的反应等。

2. 在化学反应中，参加反应的各物质的质量总和等于反应后生成各物质的质量总和，这个规律就叫做质量守恒定律。

3. 催化剂（也叫触媒）指能改变反应物的化学反应速率，而本身的质量和化学性质在化学反应前后都没有发生改变的物质。

4. 高分子化合物是指那些由众多原子或原子团，主要以共价键结合而成的相对分子量在一万以上的化合物。

5. 根据物质的光谱来鉴别物质以及确定它的化学组成和相对含量的方法叫作光谱分析。

6. 手性分子是化学中结构上镜像对称而又不能完全重合的分子。

cluster 9

1. 属性文法是一种形式文法，是以语法的巴科斯范式说明为基础，在普通的上下文无关文法的基础上，对每一个终结点或非终结点加上一些属性和一些对这些属性进行估值的语义规则所形成的文法。

2. 最大匹配分词方法：一种分词方法，是基于字符串匹配原理的一种机械匹配方法，每次从字串中取长度为最大词长的子串与词表中的词匹配，若成功则该子串为词，然后继续匹配，否则子串长度逐次减1进行匹配，直至成功为止。

3. 机器翻译（mt）就是指用电子计算机来进行语言翻译处理的过程，包括文稿接收、翻译、输出等，简而言之也就是翻译的电子化。

4. 信息抽取是利用计算机从一段非结构化或半结构化的文本中抽取指定的一类信息（例如事件、事实），并将其形成结构化数据，填入一个数据库中供用户查询使用的过程。

5. 词性标注是在给定的语句中判断每个词的语法范畴，确定其词性并加以标注的过程，通常指采用规则或统计方法进行的自动标注。

6. 自然语言处理是用计算机对自然语言的音、形、义等语言文字信息进行的加工和操作，包括对字、词、短语、句、篇章的输入、输出、识别、转换、压缩、存储、检索、分析、理解和生成等各方面的处理技术。

7. 计算语言学是语言学的一个分支，用计算机科学技术来阐释语言学问题，可以应用于自然语言理解和生成、语音识别与合成、机器翻译、文本检索和语言统计、计算机辅助语言教学和词典编纂等。

cluster 10

1. 网络银行又称在线银行，是指银行利用 Internet 技术，通过 Internet 向客户提供开户、销户、查询、对账、行内转账、跨行转账、信贷、网上证券、投资理财等传统服务项目。

2. 电子商务（ec）主要包括利用电子数据交换（edi）、电子邮件（e-mail）、电子资金转账（eft）及 internet 的主要技术在个人间、企业间和国家间进行无纸化的业务信息的交换。

3. 云支付是基于云计算架构，为包括个人、家庭、商户、企业在内的客户提供以安全支付为基础的结算、金融业务、信息、电子商务等各种支付模式。

4. 在线支付是指卖方与买方通过互联网上的电子商务网站进行交易时，银行为其提供网上资金结算服务的一种业务。

cluster 11

1. 量化宽松（Quantitative Easing，QE）主要是指中央银行在实行零利率或近似零利率政策后，通过购买国债等中长期债券，增加基础货币供给，向市场注入大量流动性资金的干预方式，以鼓励开支和借贷，也被形容为间接增印钞票。

2. MBS（Mortgage Backed Security）是指抵押支持债券或者抵押贷款债券化，是最早的资产债券化品种。

3. 存款准备金是指金融机构为保证客户提取存款和资金清算需要而准备的在中央银行的存款。

4. 通货紧缩（deflation）是指当市场上流通货币减少，人民的所得货币减少，购买力下降，物价下跌。

5. 恩格尔系数（Engels Coefficient）是食品支出总额占个人消费支出总额的比重。

6. 比特币是一种由开源的 P2P（Peer to Peer，对等网络）软件产生的电子币、数字币，是一种网络虚拟资产。

7. 逆回购是中国人民银行向一级交易商购买有价证券，并约定在未来特定时期，将有价证券卖给一级交易商的交易行为，为央行向市场上投放流动性的操作。

8. 广义货币是一个经济学概念，与侠义货币相对应，是货币供给的一种形式，用 M2 表示，其结算方法是交易货币以及定期存款与储蓄存款。

cluster 12

1. 极光是由来自地球磁层或太阳的高能带电粒子流使高层大气分子或原子激发而产生的现象。

2. 纳米科学技术是研究在千万分之一米（$10^{-8}$米）到亿分之一米（$10^{-9}$米）内，原子、分子和其他类型物质的运动和变化的学问；同时在这一尺度范围内对原子、分子进行操纵和加工，又被称为纳米技术。

3. 所谓核磁共振是指具有磁矩的原子核在恒定磁场中由电磁波引起的共振跃迁现象。

4. 辐射指的是能量以电磁波或粒子的形式向外扩散的方式。

cluster 13

1. 沙尘暴是风和沙相互作用的天气现象，指强风将地面大量尘沙吹起后导致空气混浊、水平能见度小于 1 公里的天气现象；水平能见度小于 500 米的沙尘暴称为强沙尘暴。

2. 海啸是一种具有强人破坏力的海浪，水下地震、火山爆发或水下塌陷和滑坡等大地活动都可能引起海啸。

3. 堰塞湖是由火山熔岩流，或由地震活动等原因引起山崩滑坡体等截堵河谷或河床后贮水而形成的湖泊。

4. 地震（又称地动）是指地壳发生的震动，当地球内部在运动中积累的能量对地壳产生的巨大压力超过岩层所能承受的限度时，岩层便会突然地发生断裂或错位，使积累的能量急剧地释放出来，并以地震波的形式向四方八面传播，就形成了地震。

5. 泥石流是指在山区或山壑等一些地形险峻的地区，因为暴雨、暴雪或其他自然灾害引发的山体滑坡，并携带有大量泥沙以及石块的特殊洪流。

6. 空气中的灰尘、硫酸、硝酸等颗粒物组成的气溶胶系统造成视觉障碍的叫霾。

cluster 14

1. 磁悬浮列车实际上是依靠电磁吸力或电动斥力将列车悬浮于空中并进行导向，实现列车与地面轨道间的无机械接触，再利用线性电机驱动运行的列车。

2. 无轨电车是一种使用电力发动的列车，使用的电力一般是通过架空电缆，经车上的集电杆取得，无轨电车因为使用的轮胎是绝缘体，不像有轨电车可使用路轨完成电路，故此需要使用一对架空电缆及集电杆。

3. 电动汽车（EV）是指以车载电源为动力，用电机驱动车轮行驶，符合道路交通、安全法规各项要求的车辆。

cluster 15

1. 电阻（Resistance）是一个物理量，在物理学中表示导体对电流阻碍作用的大小。

2. 功率是物体在单位时间内所做的功的多少，是描述做功快慢的物理量。

3. 半导体是指常温状态下，介于导体与绝缘体之间的材料。

4. 电压也称为电势差或电位差，是衡量单位电荷在静力场中由于电势不同所产生的能量差的物理量。

5. 重力加速度（Gravitational Acceleration）是一个物体受重力作用的情况下所具有的加速度。

6. 浮力指流体（包括液体和气体）中，各个表面受流体压力的差。

# 附录七　术语定义聚类程序示例

```perl
package KMEANS;
use strict;

sub new
{
    my $ class = shift;
    my $ numCluster = shift;
    my $ vectors = shift;

    my $ self = {NUM_ CLUSTER = > $ numCluster, VECTORS =
> $ vectors};
    bless $ self, $ class;
    return $ self;
}

# **************************************************
#InitClusters                                     *
#初始化聚类
#Arbitrarily  assign  a  vector  to  each  of  the  K  clusters
 *
#给 K 个聚类设定任意初始向量
#We   choose   the   first   K   vectors   to   do   this
 *
#选择最初的 K 个向量来继续
# **************************************************
sub initClusters
{
    my $ self = shift;
```

```perl
        my @ clusters  =  ();
        for (my  $i =0;  $i < $self->  {NUM_ CLUSTER};  $i ++)
        {
            my@ center =@  {$self->  {VECTORS}  [$i]  {VECTOR}};
            push @ clusters,  {
                    CENTER   = >         [@ center],
                    MEMBERS  = >         []
            };
        }
        $self->  {CLUSTERS}  = [@ clusters];
    }


    #迭代执行 K-Means 算法，直到结果稳定不再发生变化
    sub runKMeans
    {
        my  $self  =  shift;

        my  $pass  =  1;
        my  $converged  =  0;
        while ( !  $converged)
        {
            printf "  PASS = % d \ n",  $pass ++;
            $self-> distributeSamples ();
            $converged  =  $self-> calcNewClustCenters ();
        }
    }


    # calc Euclidean norm of vector difference between vector p and cluster
center c
    # 计算两个向量之间的欧式距离
    sub eucNorm
    {
```

```perl
    my ( $ p, $ c) = @ _ ;

    my $ str = " d = sqrt (";
    my $ dist = 0. 0;
    for ( my $ i = 0; $ i < @ { $ p} ; $ i + +)
    {
            my $ x = ( $ p-> [ $ i] - $ c-> [ $ i]) * ( $ p->
    [ $ i] - $ c-> [ $ i]);
            $ dist + = $ x;
            $ str . = " $ x +";
    }
    $ str = substr ( $ str, 0, length ( $ str) -1);

    return $ dist;
}


# 找到距离最近的聚类中心点
sub findClosestCluster
{
    my ( $ vector, $ clusters) = @ _ ;

    my $ minDist = 9. 9e + 99;
    my $ ret = undef;
    foreach my $ cluster (@ { $ clusters} )
    {
        my $ dist = eucNorm ( $ vector, $ cluster-> {CENTER} );
        if ( $ dist < $ minDist)
        {
            $ minDist = $ dist;
            $ ret = $ cluster;
        }

    }
```

```perl
    die " Aargh" unless ( defined $ret);


    return $ret;
}


#根据聚类中心点划分所有向量
sub distributeSamples
{
    my $self = shift;


    # clear membership list for all current clusters
    foreach my $cluster (@ { $self-> {CLUSTERS}})
    {
        $cluster-> {MEMBERS} = [];
    }


foreach my $vector (@ { $self-> {VECTORS}})
{
        # find cluster center to which the pattern is closest
        my $cluster = findClosestCluster ( $vector-> {VECTOR},
$self-> {CLUSTERS});
        # post this pattern to the cluster
        push @ { $cluster-> {MEMBERS}}, $vector;
    }
}


#计算新的聚类中心点
sub calcNewClustCenters
{
    my $self = shift;


    my $converged = 1;
```

```perl
foreach my $cluster (@ { $self-> {CLUSTERS}})
    {
        my @tmp = ( ) ;
        foreach my $vector (@ { $cluster-> {MEMBERS}})
            {
                for ( my $i = 0; $i < @ { $vector-> {VECTOR}};
$i++)
                    {
                        $tmp [ $i] += $vector-> {VECTOR} [ $i];
                    }
            }

        for ( my $i =0; $i < @tmp; $i++)
            {
                $tmp [ $i] /= @ { $cluster-> {MEMBERS}};
                $converged = 0 if ( $tmp [ $i]! = $cluster->
{CENTER} [ $i]);
                $cluster-> {CENTER} [ $i] = $tmp [ $i];
            }
    }

    return $converged;
}
```

# 参 考 文 献

第一类

[1] 常宇：《重视中医术语的规范化》，《中国中医药报》2005 年总第 2259 期。

[2] 段静：《现代科技发展中的新术语》，《术语标准化与信息技术》 2004 年第 3 期。

[3] 冯天瑜、邓新华：《中、日、西语汇互动与近代新术语形成》，《浙 江社会科学》2002 年第 4 期。

[4] 冯志伟：《汉语单词型术语的结构初析》，《自然科学术语研究》 1989 年第 2 期。

[5] 冯志伟：《术语定义的原则和方法》，《中国术语网通讯》1994 年第 1 期。

[6] 冯志伟：《现代术语学主要流派》，《科技术语研究》2001 年第 2 期。

[7] 冯志伟：《计算机辅助术语研究浅谈》，《术语标准化与信息技术》 2002 年第 3 期。

[8] 冯志伟：《科技术语古今谈》，《术语标准化与信息技术》2005 年第 2 期。

[9] 龚益：《规范社会科学术语势在必行》，《社会科学管理与评论》 2003 年第 2 期。

[10] 龚益：《术语、术语学和术语标准化》，《中国社会科学院院报》 2003 年第 6 期。

[11] 李萍、黄崇岭：《IT 领域的专业术语构词特点及功能意义——从词 汇层面分析 IT 领域的专业》，《桂林电子工业学院学报》2004 年第

2 期。

[12] 李玉恩：《术语与术语标准化》，《术语标准化与信息技术》2005 年第 3 期。

[13] 李芸、王强军、张普：《信息技术领域术语自动提取和动态更新研究》，《中国中文信息学会二十周年学术会议论文集》2001 年。

[14] 刘青：《关于科技术语定义的基本问题》，《术语学研究》2004 年第 6 卷第 3 期。

[15] 刘青：《简述科技术语规范化的基本环节》，《科技术语研究》2001 年第 1 期。

[16] 刘悦耘：《术语标准中的定义》，《自然科学术语研究》1990 年第 2 期。

[17] 刘云：《术语泛化的途径、特点和动因》，《修辞学习》2004 年第 4 期。

[18] 潘书祥：《关于加强我国术语学建设的几点思考》，《中国术语学建设研讨会专栏》2005 年第 1 期。

[19] 全如城：《什么是“术语”》，《术语标准化与信息技术》2004 年第 3 期。

[20] 全如城：《术语的理论与实践》，《术语标准化与信息技术》2001 年 1 期。

[21] 粟武宾：《术语学与术语标准化》，《术语标准化与信息技术》1996 年第 4 期。

[22] 粟武宾：《术语学——本地化不可或缺的基础理论》，《术语标准化与信息技术》1999 年第 1 期。

[23] 王长林：《非术语标准中术语及定义问题分析》，《术语标准化与信息技术》2002 年第 4 期。

[24] 王翠叶：《对术语学理论建设的认识与建议》，《科技术语研究》2005 年第 1 期。

[25] 王渝丽：《我国术语数据库的现状》，《科技术语研究》1999 年第 1 期。

[26] 王志科、周学恒：《从概念角度浅议专业术语与一般词汇意义》，《呼伦贝尔学院学报》2005 年第 5 期。

[27] 俞士汶：《〈现代汉语语法信息词典〉规格说明书》，《中文信息学

报》1996 年第 2 期。

[28] 邢红兵：《信息领域汉语术语的特征及其在语料中的分布规律》，《术语标准化与信息技术》2000 年第 3 期。

[29] 张普：《流通度在 IT 术语识别中的应用分析-关于术语、术语学、术语数据库的研究》，《辉煌二十年——中国中文信息学会二十周年学术会议论文集》2001 年。

[30] 郑述谱：《术语学的研究方法》，《术语标准化与信息技术》2004 年第 2 期。

[31] 郑述谱：《术语的定义》，《术语标准化与信息技术》2005 年第 1 期。

[32] 郑文婧、张志毅：《谈中国术语学的理论建设》，《科技术语研究》2005 年第 1 期。

[33] 李宇明：《论术语本土化、规范化与国际化》，《中国科技术语》2007 年第 4 期。

[34] 董振东、董强、郝长伶：《知网的理论发现》，《中文信息学报》2007 年第 4 期。

[35] 刘建华、张智雄、徐健、许雁冬：《自动术语识别——对科技文献进行文本挖掘的重要技术方法》，《现代图书情报技术》2008 年第 8 期。

[36] 张金忠：《俄国语言学棱镜下的术语、概念和定义》，《术语标准化与信息技术》2008 年第 2 期。

[37] 格里尼奥夫：《术语学》，商务印书馆 2011 年版。

**第二类**

[38] 陈炯、范卓华：《汉语文本聚类及其算法设计》，《山西电子技术》2005 年第 2 期。

[39] 陈文亮、朱靖波、姚天顺等：《基于 Bootstrapping 的领域词汇自动获取》，《语言计算与基于内容的文本处理——全国第七届计算语言学联合学术会议论文集》2003 年。

[40] 杜波、田怀凤等：《基于多策略的专业领域术语抽取器的设计》，《计算机工程》2005 年第 14 期。

[41] 谷波、张永奎：《文本聚类算法的分析与比较》，《电脑开发与应

用》2003 年第 11 期。

[42] 黄昌宁：《关于处理大规模真实文本的谈话》，《语言文字应用》1993 年第 2 期。

[43] 黄昌宁：《统计语言模型能做什么》，《语言文字应用》2002 年第 1 期。

[44] 贾爱平：《科技文献中术语定义的语言模式研究》，北京语言大学硕士学位论文 2002 年。

[45] 李芸：《信息科学与信息技术术语概念体系研究》，北京语言大学博士学位论文 2003 年。

[46] 凌祺、樊孝忠：《领域词汇自动获取的研究》，《微机发展》2005 年第 8 期。

[47] 李桂林、陈晓云：《关于聚类分析中相似度的讨论》，《计算机工程与应用》2004 年第 31 期。

[48] 李向军、徐国华、刘立平：《一种文本聚类算法》，《西北大学学报》（自然科学版）2005 年第 2 期。

[49] 刘建舟、何婷婷、骆昌日：《基于语料库和网络的新词自动识别》，《计算机应用》2004 年第 7 期。

[50] 刘立平、孟志青：《一种选取初始聚类中心的方法》，《计算机工程与应用》2004 年第 8 期。

[51] 刘群、李素建：《基于知网的词汇语义相似度计算》，《第三届汉语词汇语义学研讨会·台北》2002 年。

[52] 刘挺、吴岩、王开铸：《串频统计和词形匹配相结合的汉语自动分词系统》，《中文信息学报》1998 年第 1 期。

[53] 卢鹏、孙明勇、陆汝占：《基于知网的词汇语义自动分类系统》，《计算机仿真》2004 年第 2 期。

[54] 马玉春、宋瀚涛：《基于搜索引擎的知识发现》，《计算机工程与应用》2004 年第 30 期。

[55] 苏伟峰、李绍滋：《一个基于概念的中文文本分类模型》，《计算机工程与应用》2002 年第 6 期。

[56] 石志伟、刘涛：《一种快速高效的文本分类方法》，《计算机工程与应用》2005 年第 29 期。

[57] 徐波：《中文信息处理若干重要问题》，科学出版社 2003 年版。

［58］穗志方：《信息科技术语领域术语自动识别策略》，《第二届中日自然语言处理专家研讨会论文集》2002 年。

［59］孙乐、金友兵、杜林等：《平行语料库中双语术语词典的自动抽取》，《中文信息学报》2000 年第 6 期。

［60］王强军：《基于动态流通语料库（DCC）的信息技术领域新术语自动提取研究》，北京语言大学博士学位论文，2003 年。

［61］王洋、秦兵、郑实福：《句子相似度计算在 FAQ 中的应用》，《第一届学生计算语言学研讨会论文集》2002 年。

［62］吴云芳、穗志方、邱利坤等：《信息科学与技术领域术语部件描述》，《语言文字应用》2003 年第 4 期。

［63］邢红兵：《信息领域汉英术语的特征及其在语料中的分布规律》，《术语标准化与信息技术》2000 年第 3 期。

［64］邢红兵：《信息技术领域术语用字分析》，《术语标准化与信息技术》2005 年第 1 期。

［65］许石、樊孝忠、张锋：《基于知网的语义相关度计算》，《北京理工大学学报》2005 年第 5 期。

［66］许勇、荀恩东、贾爱平、宋柔：《基于互联网的术语定义获取系统》，《中文信息学报》2004 年第 4 期。

［67］易丽萍、竹勇、雷小春：《知网在词语相似度计算方面的应用》，《信息技术与信息化》2005 年第 1 期。

［68］袁里驰、钟义信：《基于相似度的词聚类算法》，《微电子学与计算机》2005 年第 8 期。

［69］张锋、许云等：《基于互信息的中文术语抽取系统》，《计算机应用研究》2005 年第 5 期。

［70］张儒良、王翰虎：《一种有效的聚类分析算法的研究》，《计算机时代》2004 年第 9 期。

［71］张艳、宗成庆、徐波：《汉语术语定义的结构分析和提取》，《中文信息学报》2003 年第 6 期。

［72］赵林、胡恬：《基于知网的概念特征抽取方法》，《通信学报》2004 年第 7 期。

［73］赵妍妍、秦兵等：《基于多特征融合的句子相似度计算》，《全国第八届计算语言学联合学术会议（JSCL-2005）论文集》2005 年。

［74］郑家恒、杜永萍、刘昌钰：《基于语料的动态获取专业词汇方法初探》，《计算机工程》2002 年第 5 期。

［75］邹纲、刘洋、刘群：《面向 Internet 的中文新词语检测》，《中文信息学报》2004 年第 6 期。

［76］吴瑞红、吕学强：《基于互联网的术语定义辨析》，《北京大学学报》（自然科学版）2014 年第 1 期。

［77］钱菲、袁春风：《一种软、硬模板相结合的定义抽取算法》，《计算机技术与发展》2012 年第 9 期。

［78］李彬等：《基于语义依存的汉语句子相似度计算》，《计算机应用研究》2003 年第 12 期。

［79］田怀凤：《基于多策略的专业术语抽取处理技术的研究》，《计算机与现代化》2008 年第 12 期。

［80］王卫民、贺冬春、符建辉：《基于种子扩充的专业术语识别方法研究》，《计算机应用研究》2012 年第 11 期。

［81］Chen Ning, Chen An, Zhou Longxiang, "An Incremental Grid Density-Based Clustering Algorithm", *Journal of Software*, Vol. 13, No. 1, 2002.

［82］Christopher D. Manning, *Foundations of Statistical Natural Language Processing*, Cambridge, MA: MIT Press, May 1999.

［83］Hang Cui, Min-Yen Kan, Tat-Seng Chua, "Unsupervised Learning of Soft Patterns for Generating Definitions from Online News", *Proceedings of the 13th international conference on World Wide Web*, 2004.

［84］Chidanand Apt, Fred Damerau, Sholom Weiss, "Knowledge Discovery for Document Classification", *AAAI-93 Workshop on Knowledge Discovery in Databases*, 1993.

［85］G. Barnbrook, *Defining Language: A Local Grammar of Definition Sentences*, John Benjamins Publishing Company, 2002.

［86］Sudipto Guha, Rajeev Rastogi, Kyuseok Shim, "CURE: An Efficient Clustering Algorithm for Large Databases", *Proceedings of the ACM SIGMOD Conference*, 1998.

［87］Heidi Suonuuti, *Guide to Terminology*, Finnish Centre for Technical Terminology / Nordterm, 2001.

[88] Hiroshi Nakagawa, Hiroyuki Kojima, Akira Maeda, *Chinese Term Extraction from Web Pages Based on Compound Word Productivity*, IJCNLP 2005, 2005.

[89] Hiroshi Nakagawa, Tatsunori Mori, "Automatic Term Recognition Based on Statistics of Compound Noun and Their Components", *Terminology*, Vol. 9, No. 2, 2003.

[90] Horacio Saggion, "Identifying Definitions in Text Collections for Question Answering", *LREC*, 2004.

[91] Hua-PingZhang, Hong-KuYu, De-Yi, Xiong and QunLiu, "HHMM-Based Chinese Lexical Analyzer ICTCLAS", *Proceedings of 2nd SigHan Workshop*, July 2003.

[92] Katerina T Frantzi, "Incorporating Context Information for the Extraction of Terms", *Proceedings of ACL-EACL*, 1997.

[93] Keh-Yih Su, Ming-Wen Wu, Jing-Shin Chang, "A Corpus-based Approach to Automatic Compound Extraction", *Proceedings of ACL*, 1994.

[94] Lee-Feng Chien, "PAT-Tree-Based Keyword Extraction for Chinese Information Retrieval", *Proceedings of the ACM SIGIR International Conference on Information Retrieval*, 1997.

[95] Lee-Feng Chien, Chun-Liang Chen, Wen-Hsiang Lu, "Recent Results on Domain-Specific Term Extraction From Online Chinese Text Resources", *Proceedings of Research on Computational Linguistics Conference Ⅶ*, 1999.

[96] Mitkov R. (Eds.), *The Oxford Handbook of Computational Linguistics*, Oxford: Oxford University Press, 2001.

[97] Ricardo Baeza Yates, *Modern Information Retrieval*, Addison Wesley Longman Publishing Co. Inc, 2004.

[98] Sasha Blair-goldensohn, Kathleen R. Mckeown, Andrew Hazen Schlaikjer, "A Hybrid Approach for Answering Definitional Questions", *Processdings of the 26th ACM SIGIR Conference*, 2003.

[99] Smaranda Muresan, Smaranda Muresan, Peter T. Davis, Judith L. Klavans, "Building a Terminological Database from Heterogeneous Definitional Sources", Proceedings of the National Conference on Digital Gov-

ernment Research，2003.

[100]　www. keenage. com.

## 第三类

[101]　陈原:《陈原语言学论著》,辽宁出版社 1998 年版。

[102]　冯志伟:《应用语言学综论》,广东教育出版社 1999 年版。

[103]　冯志伟:《现代术语学引论》,语文出版社 1997 年版。

[104]　冯志伟:《计算语言学探索》,黑龙江教育出版社 2001 年版。

[105]　《GB 10112—1988 确立术语的一般原则与方法》。

[106]　《GB/T 16785—1997 术语工作　概念与术语的协调》。

[107]　《GB/T 20001. 1—2001 标准编写规则》。

[108]　R. R. K. Hartmann，F. C. Stork:《语言与语言学词典》,黄长著、林书武、卫志强等译,上海辞书出版社 1981 年版。

[109]　黄昌宁、李涓子:《语料库语言学》,商务印书馆 2002 年版。

[110]　蒋永福等:《东西方哲学大辞典》,江西人民出版社 2000 年版。

[111]　[加拿大] G. 隆多:《术语学概论》,刘钢、刘健译,科学出版社 1985 年版。

[112]　孟庆生:《信息论》,西安交通大学出版社 1986 年版。

[113]　史忠植:《知识发现》,清华大学出版社 2001 年版

[114]　王孝玲:《教育统计学》（第四版）,华东师范大学出版社 2007 年版。

[115]　北京语言学院语言教学研究所:《现代汉语频率词典》北京语言学院出版社 1986 年版。

[116]　俞士汶:《计算语言学概论》,商务印书馆 2003 年版。

[117]　《GB/T 10112—1999 术语工作原则与方法》。

[118]　《GB/T 15237. 1—2000 术语工作——词汇》。

[119]　朱德熙:《语法讲义》,商务印书馆 2000 年版。

# 致　谢

感谢恩师宋柔教授、荀恩东教授，感谢你们在计算语言学道路上给予我的帮助！

感谢我的家人！

感谢北京语言大学教务处及汉语速成学院领导的支持，感谢北京市教育委员会共建项目的专项资助！

感谢本书的责任编辑任明老师及中国社会科学出版社的其他工作人员，你们的辛勤工作保证了本书的如期出版！

张　榕

2015 年夏于美国圣路易斯